文化遗产档案丛书

天津皇会

杨家庄永音法鼓老会

冯骥才 主编

史静 蒲娇 著

段新培 蒲娇 摄影

法鼓是天津所特有的一种艺术表演形式，相传最早产生于明末清初年间，盛行于清乾隆年间，是庙中"娘娘出巡"时的一种随驾礼仪形式，后来以花会形式演出，杨家庄永音法鼓二〇〇八年被评为国家级非物质文化遗产，具有独特的表演技艺和精美的前场，凝聚的是地方认同和凝聚力。

山东教育出版社

本丛书为国家社会科学基金艺术学项目
"现代社会转型期天津皇会的研究"系列成果之一

丛书编辑委员会

主　任：冯骥才

副主任：向云驹　马知遥　郭　平

　　　　尚　洁　史　静（常务）

委　员：（按姓氏笔画排序）

　　　　马知遥　王晓岩　冯骥才

　　　　冯　宽　史　静　向云驹

　　　　张礼敏　尚　洁　段新培

　　　　姚树贵　郭　平　唐　娜

　　　　耿　涵　蒲　娇　路　浩

　　　　蔡长奎

总序

文化存录的必要

冯骥才

在时代急骤转型时，一部分民间文化的消失在所难免。

这种消失，有的是物换星移与新旧交替之必然，有的则因为失去了存在的土壤，无法再活下去；这是一种无可奈何花落去，一种在时代更迭和进程中的"正常死亡"。

当然还有一种"非正常死亡"：或由于利益驱动，自我割除；或由于浅薄无知，信手扬弃；或由于对致富的心情过于急切，草草处决了历史生命。故而，对于现存的活态民间文化遗产，我们必需抓紧做的事：一是力保，一是存录下来。

存录，就是在一项民间文化（即非物质文化遗产）尚在活态时，抓紧对其进行全面的田野调查，同时运用各种技术手段，尽可能将其完整地、客观地、翔实地记录与保存下来。存录的目的是把动态的、不确定的、分散存在的、保留在人们的记忆、行为或口头上的文化遗产，采集下来，进行科学整理，从而为该遗产建立一份永久性的档案。

这样做的目的，一方面使我们对自己的遗产有完整而清晰的认识，有了必备的文献性的依据；一方面在其不可挽留时，还备有一份历史存照，不致烟消云散，化为乌有。这既是对遗产的科学态度，又是对历史创造应有的尊重，也是遗产学的工作之本。

十年来，存录的做法一直贯穿在我们文化遗产抢救的始终，如在中国木版年画、剪纸、唐卡、泥彩塑等诸多方面都进行了系统的存录和建档的工作。历史上，我们对民间文化多是成果或作品的采集。很少通过人类学、民俗学、历史学、民艺学等多学科的交叉和综合角度，进行整体的考察与田野记录，很少使用口述调查与音像记录等手段。这种方法是我们在社会转型期间，对中华民族的历史创造进行地毯式田野抢救时所采用的一种创造性的学术方法。在2009年举行的"田野的经验"国际会议上得到与会各国专家的认可和肯定。

十年来在全国各地已有很多学者与专家对某一专项民间文化遗产抢救时，也使用了这种方法。

这里则是对国家非遗的"皇会祭典"进行了如是的调查、整理和存录。

曾经兴盛于北方重镇天津、从属于妈祖祭典的皇会，具有深厚的文化内涵，浓郁的历史情韵，严格的程序套路，高超的表演技艺与强烈的地域精神。我国民间花会遍布民间，呈现于各地庙会与民间节庆中，像天津皇会这种大规模的都市民俗尚不多见。尤其令人惊讶的是，在当代都市大规模改造和居民动迁之后，这种民间结社性质的许多老会，依然"气在丹田"，凝聚不散，自行组织，自发活动，并没有被商业化，依然朴素地保持着民间文化的纯正性，为当今社会所罕见。表现了这一地域文化曾经扎根于民间之深之牢。同时我们也看到，在现代强势的都市文明的冲击下它面临的黯淡的前景与日渐消解的现实。为此，为这一城市的历史文化遗产建立科学的文化档案是我们必须承担的使命。

天津皇会始于清初，每年阳春三月海神妈祖诞辰吉日举行庆典，城郊各会齐聚天后宫，上街巡游，逞能献艺；一时城中万人空巷，会间百戏杂陈。极盛时期各类花会多至千余道。三百年以来，时代变迁，社会更迭，及至"文革"后百废待兴之时，尚存近半；然而，它所经历的最大的挫折应是近三十年的现代化冲击，致使当下仅存的老会不及百道。对其进行调查、整理、研究、存录及保护，给予主动和积极的学术支撑，都是刻不容缓的事。故此，我院一边将"现代社会转型期天津皇会的研究"作为重点科研课题（已列入国家社科基金学术研究项目）；一边对重点老会开展调查，逐一建立档案。本书便是该档案的文字与图片部分。

此次为皇会立档，一要做史料考证，二要做田野调查。前者求实，后者求真。对每道皇会都涉及其历史沿革、重要人物、技艺特征、音乐曲谱、器物种类、文献遗存、会规会约、传承谱系等等，这些历史上都鲜有记录。调查与印证之难自不必书，存录的价值与意义自在其中。应该说对这一历经数百年极具特色的民俗文化，在其濒危之际，将其完整又翔实地存录下来，亦是一个小小的历史性的贡献。

我很高兴，这项工作已被我院一些年轻的师生承担起来了。由于他们此前完成了《中国木版年画传承人口述史丛书》，我相信这一套天津皇会档案能达到应有的文化质量与价值。

文化的存录对一个民族来说，是记忆，是积累，是面对过去、更是面对未来必需做好做细做扎实的事情。

是为记焉。

2013年5月31日

于天津大学冯骥才文学艺术研究院

目录

第一章

源起、沿革与文化空间

一、社区历史文化概况

杨家庄永音法鼓老会原址在天津市河西区南北大街挂甲寺附近的杨家庄，当地人称为杨庄子。挂甲寺村和杨家庄村原来在海河之东，1902年，第一次海河裁弯取直工程竣工，原在海河以东的挂甲寺村和杨庄子村才开始位于海河以西。原挂甲寺地势较高，海河流经此处，河道变窄，形成自然弯道，1900年，八国联军侵略中国，为了方便军粮运输，将河道取直，挖土填河，才有了今日的平地。所以天津本地有一句骂人的歇后语说"我在挂甲寺等你"，说的就是挂甲寺地势很低，连死人漂到这里都会搁浅。旧时在挂甲寺附近参与皇会的会种不胜枚举，种类繁多，村村有花会。但在城市拆迁和海河改道的过程中，有许多会所处的位置正在改道的范围内，因而被迫迁走，老社区消失，会员四散，不再集中在老庄子一带，会也随之一蹶不振，销声匿迹。今日，杨家庄所处的位置在小围堤道与南北大街交口处，称云广新里社区。

杨家庄的居民大多是祖祖辈辈居住于此，在20世纪90年代及之后的城市拆迁改造过程中，才逐渐分散到各处。相传，杨家庄祖先杨洪于明永乐初年（1404—1405年）随燕王（明成祖）朱棣扫北至此。同时移民的有张、李、于、孙等姓，因杨姓最多，故名杨家庄。杨家庄有几大户：李姓、张姓、杨姓、于姓、吴姓。杨庄子的胡同多是以姓氏命名，

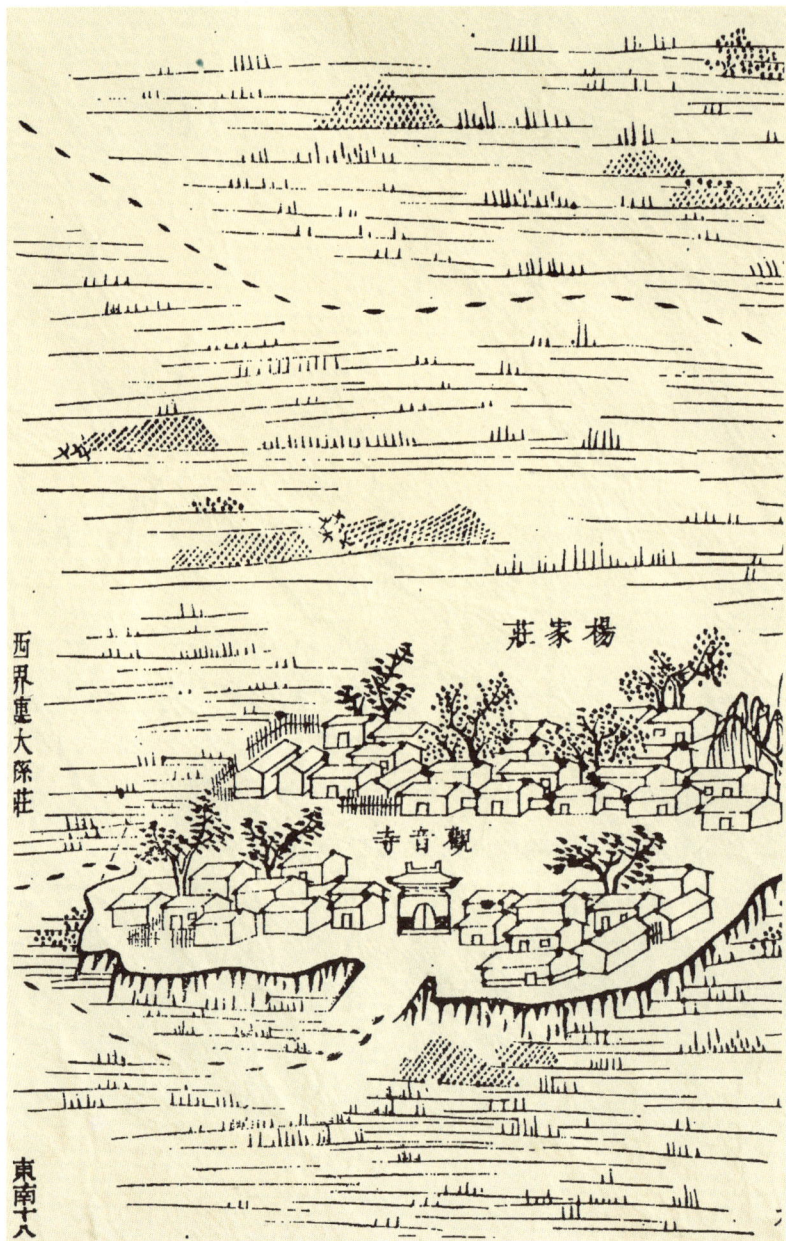

《津门保甲图说》中绘制的杨家一带地图

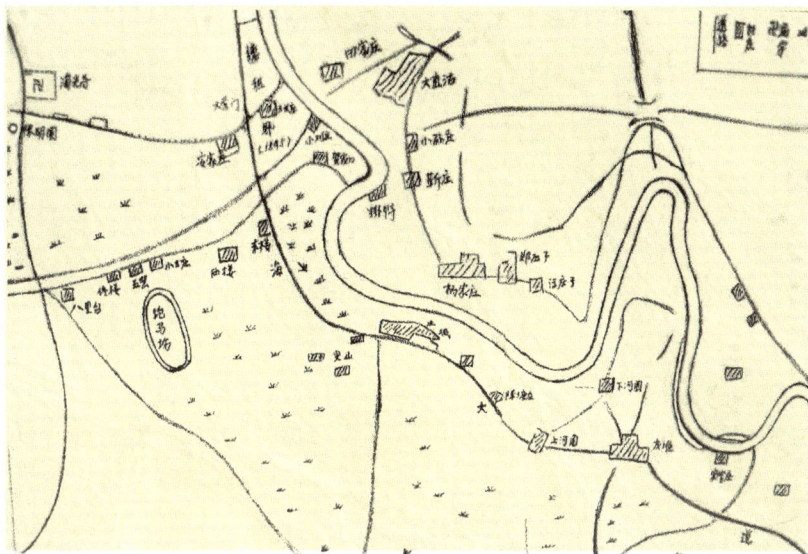

1900年河西区地图，居民点多沿河分布，腹地为农田和草地，基本保持原生态

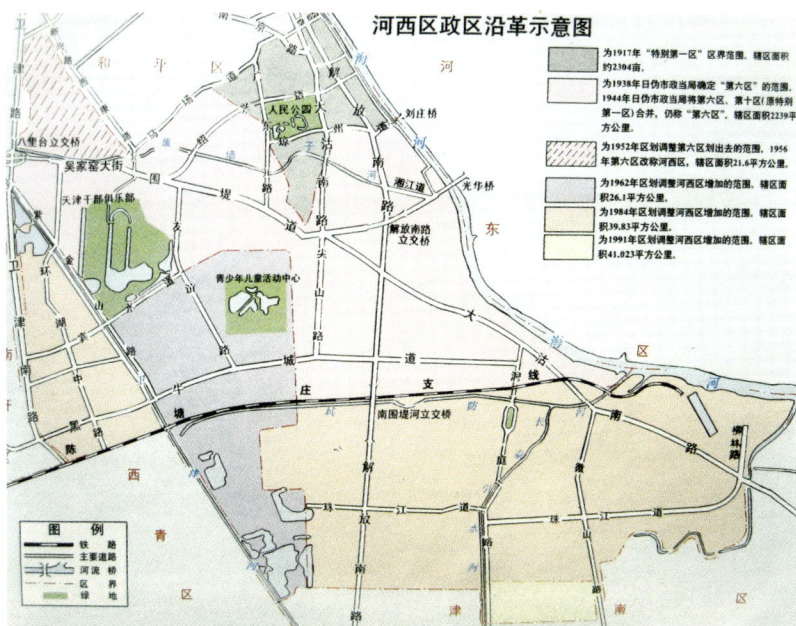

河西区政区沿革示意图

如李家胡同一条、李家胡同二条、杨家胡同一条、杨家胡同二条等。姓李的主要住在杨庄子中间，该会会长杨奎举，就住在杨庄子的紧中间，不过却是叫李家胡同；姓吴的主要住在杨庄子东边，如会员吴凤起、吴强等。

杨家庄原是一片荒地，后杨家庄居民择高地建村，东起郑庄子，西临海河，南抵宣家楼（土城附近），北至大孙庄（今挂甲寺村），居民多以务农为主。《津门保甲图说》中记载该村"绅衿一户、铺户五户、烟户一百四十五户、贩户一十二户，共一百六十三户"。杨家庄的西边多为园田地，居民多是农民，靠种菜为生。该会现在的会长杨奎举的爷爷就以种菜为生，主要卖给天津市的登瀛楼、会芳楼和聚和成这些饭店。其他菜农通常会去东浮桥的蔬菜批发市场和刘庄菜市场（今海河奉化桥河西两侧）卖菜，卖菜的时候多用扁担肩挑着去。所以，杨庄子人都有一膀子好力气，这部分人都个头高、肩膀宽、力气足、劲儿大。因此，挑茶炊子就具有天然的条件，挑挑儿的，即挑茶炊子的人，都是农民出身，能挑。挑的时候把小腰一插，茶炊子颤悠起来很漂亮。他们演奏法鼓会的乐器也不吃力，因为浑身有的是劲儿。

会头杨奎举和家人在杨家庄李家胡同老宅前的合影

杨家庄居民多为汉族，有较少的回族。在宗教信仰方面，有信佛教者。杨庄子的人上学多在庄子附近上，如杨庄子小学、土城小学、杨庄子中学、四十二中等。土城小学1905年建立，始称民立初级小学堂，校舍为金仙观旧址。有的老一辈的会员还上过几年私塾。上私塾是在杨庄子庙里，该会老会员杨惠友就在庙里上过几年私塾，

老会头杨惠友

庙里教私塾的先生姓胡，挺老板儿的一个人，教大家三字经。

杨家庄人口有3000多人。大部分家里头都有练法鼓的，有的辈辈儿是，有的隔辈儿是。一出会，形式不一样，人数也不一样。尤其是行会，一次下来需要200多人，因为无论是打执事还是表演、维持会场秩序都需要人。那时候，有农忙时有农闲时。杨家庄法鼓出会多是农闲时，所以过去一出会一般是一二百人，人员不缺乏。快过年的时候，农民已

昔日的杨庄子渡口

经忙完农事，就开始收拾家伙练习法鼓以备出会。

杨家庄这个地方虽小，但不能小看，它是天津卫文化历史的一个缩影。天津水多、河多，桥梁、渡口就多。早年渡口可分为私渡、官渡和义渡三种。最早出现的是"私渡"，由民间营管，傍水村落一旦形成，摆渡就会自然设立。"杨庄子渡口"是连接海河的渡口之一，西岸在河西区杨庄子大街东口，东岸在河东区郑庄子北柴厂大街口。天津的码头经济形成了独特的码头文化，这也是天津文化的最大特点。杨庄子在海河边上有个小码头，在杨庄子的东边，原来也有盐坨地和脚行，这个脚行很大。海河对面就是棉纺三厂，旁边是钢厂，来船后装货卸货都需要由脚行的劳动力来干。所谓脚行，就是"苦大累"，因为过去的人要抢码头，抢饭碗，竞争十分激烈。但是脚行有把头，过去有争脚行、跳油锅这些事。西边是菜园子，也有一个小脚行，主要是装运农田里的东西。会里过去脚行里边的人也有。脚行把头势力大，所以有的时候一出会就是会头，会里有摆不平的事情也请脚行头解决，脚行头在本地不作恶。因此，杨庄子东边和西边这两头的人有点儿粗、楞，住在村子中间的人多是在工厂里做工的工人或者读书人。

所以，杨家庄的人也天然地具有天津人的性格特点，有气魄、粗犷豪放、争强好胜、好面子、勇敢。据《河西区志》记载，光绪二十六年（1900年），八国联军入侵天津，挂甲寺村长孙国瑞联合土城、杨庄子等村村民会同义和团共同抗敌，保卫家乡，这种气魄和勇敢也影响了周围的村落。同时，杨庄子村民多是体力劳动者，所以具有吃苦耐劳的性格。天津是个移民城市，不同的移民群体居住在一起，自然也形成了互帮互助、讲究哥们儿义气的性格，同时又特别争强好胜要面子。所以，出会的时候特别讲究排场礼仪，每道会都有华丽的前场，即仪仗执事，但又经常会出现会与会之间发生冲突的事情，像"混混儿"就是从"会会儿"里来的词语。杨家庄永音法鼓传承到现在，和会里的这种不能低于别的法鼓会的心气儿，还有争强好胜的性格分不开，是天津人地域性格、集体性格的一种体现。

二、老会的源起、发展与变迁

  鼓乐类的法鼓，作为最具天津本土特色的民间音乐舞蹈表演项目，在传统的天津皇会中是数量较多的一个会种。对于天津法鼓的起源，说法不一，一说为"法鼓"二字出自佛经，是一种专为酬神而演奏的音乐，由大觉庵僧人流传下来；一说为"法器会"，乃随驾出巡护圣，敲打响器家伙各会。[1]在我们的田野调查中发现，更多的法鼓会老人持第一种说法，认为法鼓乃是法门之音和民间太平鼓的一种结合。法鼓在天津有着悠久的历史，相传最早的法鼓产生于明末清初年间，盛行于清乾隆年间，原为庙中娘娘出巡时的一种随驾礼仪形式，后来以花会形式在民间喜庆日子或在重大活动日参加庆贺演出，是一种集民间音乐、舞蹈、武术、美术、雕塑与民风、民俗为一体的综合性民间广场艺术。法鼓是天津所特有的一种鼓乐表演形式。法鼓既是法门之音，庄严肃穆，又是民间之音，上擂时欢悦、快乐、火爆。因此，法鼓既有法门之声，又有民族之韵。真正入了门的人，敲一套二套的时候，心情会十分舒展、清雅，并且又有韵味，尤其是一上擂，钹、铙一飞起来，气氛就异常热烈、欢快、激烈。法鼓含有法门之韵，但是传到每个具体的地区，和本地的风俗、环境相结合，就变成了老百姓自己的东西，因此又各有不同之处，而且会头的风格对会的影响特别大。另外，谁来传授法鼓也对技艺有很大的影响。

  法鼓是封闭性很强的一种艺术形式，之所以在当地的民众之间是一种"乡音"，也是因为它不受外界的干扰，而这恰恰会产生一定的制约，不开放。在学习法鼓的过程中，会里的人不跟外界接触，上一辈的人传授什么，下一辈的人就学什么，动作应该怎样才算到位，也没有一

  1.尚洁:《皇会》，天津：百花文艺出版社，2008年，第162页。

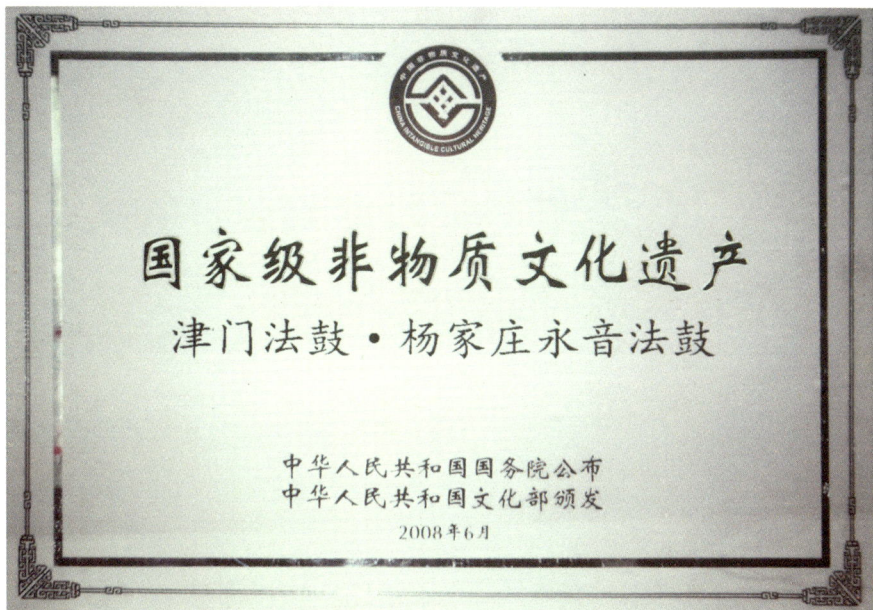

津门法鼓·杨家庄永音法鼓2008年被评为国家级非物质文化遗产

个完全相同的标准。但是谁的动作漂亮，技艺高超，大家都有共同的认可，这个尺度是在大家的心里。老杨庄子人都认为法鼓是个好东西，不舍得向外面传，这更加造成了法鼓的封闭性。同时，法鼓还是一种舞蹈和音乐相结合的民间艺术形式，舞蹈建立在音乐的基础上，音乐要通过舞蹈表现出法门之韵和民间的欢乐曲。如果法鼓只展现敲的一面，那对应的一定是听音乐的人；如果法鼓展现的是要的一面，那一定要看它的舞蹈和音乐的表演形式。可以说，法鼓是一种农耕文明时期的产物。同时，全村的人对法鼓会都十分认可向往，要你玩会就是看得起你，在本地域的地位很突出。

法鼓会是在天津民间流传很久的一种娱乐、庆典活动，是伴随着民间居住村落而自然形成的，被当地村民倾慕热爱。据相关文字史料记载，从清乾隆年间始，杨家庄永音法鼓至今已有200多年的历史。天津

会里的牌匾

法鼓每一道会的会名都各不相同，但一般都会标明地域或者在法鼓老会（或圣会）前冠以"音"字。杨家庄永音法鼓老会即是如此，杨家庄是其地域名，而取名"永音"，是为了图个吉庆。有如音乐敲完以后，绕梁三日，余音不绝，好像来到这个会所，还能听到昨天敲的那个鼓音儿。杨家庄永音法鼓早年在估衣街、东马路、娘娘宫、东浮桥、刘园、锦衣卫桥、大直沽、土城村等地都留有足迹，踩过街出过会。

杨家庄永音法鼓表现的是太子出游的场面。整个仪仗执事都是太子出游时随身带的东西，这边是点心盒子，搁着点心；那边是壶、碗，盛着水。因为皇上或者太子出游的时候，需要带着皇宫里的玉泉水，不能在外边喝老百姓的水，龙筲和竹筲就是用来盛水的。所以，整个前场是出皇会时的一套活儿。没有这套仪仗执事，就没有了皇家风范。这也和天津的娘娘会受过康熙、乾隆皇帝的封赏而改为"皇会"有关。据载，这两位皇帝频繁驾临天津，地方上必定要举行接驾、送驾的隆重仪式，于是那些平时自娱自乐或为庙会表演技艺的会就成了接驾和送驾的仪仗队。

杨家庄永音法鼓最早是文敲，后改为武敲。所谓文敲，主要是以音乐的动听和较快的节奏韵律为特点，以坐敲为主，表演动作较少。所谓武敲，主要是指在演奏音乐的同时又增添了很多表演动作，尤其是在上擂中增加了飞钹、飞铙的动作。武法鼓也分半文半武的法鼓和全套武法鼓两种。半文半武的法鼓是指在敲套子时没有太多表演动作，动作主要集中在上擂中，而全套武法鼓则是指在演奏法鼓套子时，从始至终都有各种表演动作。现在杨家庄永音法鼓为半文半武的武法鼓。

相传，杨家庄法鼓在从文敲改为武敲的时候，是由一个在天津市西头杨家庄卖花的人先传到锦衣卫桥和音法鼓，然后再传到杨家庄永音法鼓的。这位卖花的传授者传授的武法鼓主要是指上擂时的飞钹、飞铙的动作。现在这两个会从曲牌到动作基本一致，但因为法鼓的封闭性，同时也受到历代会头的影响，风格略有差异。

据该会会长杨奎举介绍，杨家庄法鼓在文敲的时候，还是音乐法鼓。音乐法鼓是指将法鼓曲牌与民间乐器相结合交替演奏的形式，这些吹奏乐器主要是笙、管、笛、箫，还有云锣，但这种形式已经不存在。

清代法鼓会鼎盛时期，有130余道会，仅参加皇会的就有三四十道。杨家庄永音法鼓从成立到现在，最兴盛的时候是在20世纪30年代。会里的仪仗执事齐备，会员人数多，也经常出会。民国初年，也是天津法鼓比较多的时候。当时天津市大概有100多道。其中盛行的法鼓会有：宫音法鼓会（东门外天后宫）、永音法鼓会（侯家后）、同心法鼓会（南头窑）、金音法鼓会（大觉庵）、西园法鼓会（小园）、振音法鼓会（北门内）、和音法鼓会（锦衣卫桥）、和音法鼓会（河东小盐店）、盐坨法鼓会（河东上冰窑）、中音法鼓会（盐坨准堤庵）、涌济杨音法鼓会（盐坨）、起音法鼓会（李家楼）、乡音法鼓会（陈家沟子）、同云法鼓会（太平庄）、同议法鼓会（中营西）、立源法鼓会（镇署西）、运蜀法鼓会（盐道）、霞云法鼓会（项家胡同）、归音法鼓会（东门外万庄子）、津音法鼓会（玉皇阁）、魁音法鼓会（河北关下）、花音法鼓会（芥园）、亭云法鼓会（西门外）、金音法鼓会（辛庄）、广音法鼓会（紫竹林）、泰音法鼓会（大土地庙）、德音法鼓会（田庄）、井音法鼓会（北马路龙亭）、东园法鼓会（西乡大园村）等。但是20世纪30年代之后，国内战乱，影响到了法鼓会。日本侵华时期，谁也不玩儿法鼓，因为法鼓会的民族性格特别强，杨家庄法鼓一停就是八年。

日本投降后，20世纪40年代末至50年代，尤其是刚解放以后，法鼓会还不错。1952年曾参加天津市的民间文艺汇演，并赴京参加华北地区文艺调演，后来配合土改、抗美援朝、"三反五反"、合作化等宣传活动出会演出。每次出会的时候，连庄子里的老百姓都知道出会的日期，大伙儿都非常关注。出会的时候要把铛子上的红绒球换成新的，钹缨子要扎新的，出会的阵势和过年一般。那时候行会敲鼓是由四个人抬着鼓箱子，1958年以后，会里弄了个铁焊的车，打鼓佬站在车上敲。法鼓属于茶余饭后的事儿，鼓拉出来以后，一哨鼓就开始敲。不分年节日，天一暖和，人就拉出来练。"农业社"时期，农业社里的人就开始练，像速成班一样。当时老会头杨惠友培养了一大批20多岁的年轻人，不过这批年轻人到现在已经只剩下两位了。

法鼓会的衰落从"大跃进"开始，一开始社会主义改造，人们就无法再顾及法鼓。当时是天天讲生产、大炼钢铁，其他的都被放到一旁，法鼓这段时间没人提没人问。"文革"时期，杨家庄法鼓的东西大部分被损坏，唯有鼓被保存了下来，因为杨庄子农业社要用会里的鼓来敲毛主席语录。要不这样，这鼓也无法保存。鼓虽然保存了下来，但是因为没人保管，所以，鼓帮子裂了，还透了气。鼓里头有胆，所谓胆就是鼓帮子有四个座，是木头的，上头缠的有软簧，一敲鼓的时候，有"咚"的声音。说鼓的声音是绕梁三日，就是这个胆起的作用。鼓帮裂了，鼓也就随之腐朽。"文革"时期，一提到法鼓，就是"四旧"的东西，所以，茶炊子等会里的东西都上交了。上交的东西后来也都相继被烧毁。这种状况一直持续到20世纪70年代，该会一停就是20多年。此间，也有人在家里偷偷敲法鼓，敲鼓的瞎老爷李玉义就自己在家练，把许多厚纸板夹在一起当鼓敲，后来纸板都被他敲烂了。

不过从20世纪70年代末开始，会员就开始在自家的院子里慢慢捯曲谱。现任会长杨奎举师傅和当时的老会长杨惠友在一个胡同里住。据杨奎举师傅讲："老会长成天在我院里头，我院里头也宽敞。大家一块儿天天捯这曲谱。有的拿碗，有的拿筷子，慢慢敲，慢慢捯。有一天，我们老会长打老远，就特别高兴，翘着大拇哥，从腰间拿出来一张纸。1956年，他教了一帮农民。有一个人家里头装修，立柜下面报纸压着一张法鼓的曲谱，就是我们现在用的这套曲谱。这是他学的时候抄下来的。这样，这六套曲谱就有了。1979年，有录音机了，就拿录音机录了一盘带子，但是不完整。因为表演器具钹、铙都上交了，就剩鼓了。我就买了两副钹、铙，大伙儿花钱。法鼓会的人没拿过工资、月钱，光往外掏了。铛子是买了俩废的铛锣。拿嘛做架子呢？拿塑料管做的架子，上面拴的绳子。1980年，我们在人民公园出会时就是这样出来的。拿着个筐，筐里没有正式的演奏器具。就是那个鼓架子架着那个鼓，嘛东西也没有了，再就是两副钹、两副铙。"可见当时会员恢复法鼓会的热情和举步维艰。

20世纪80年代初年杨家庄永音法鼓刚恢复的时候，会里什么都没有。会里曾专门派人去找"文革"时期上交的东西。当时收缴的东西，一是放在马场道的历史博物馆大仓库，一是放在"二宫"（第二工人文化宫）的仓库，会员拿着党委开的介绍信在这两个地方都没有找到会里的东西。一切都需要从零开始，从茶炊子到鼓箱子都需要重新雕刻，从选材到雕刻、刷漆都要会员亲自完成。会长杨奎举师傅清晰地记得该会恢复的经过："我记得，当时天津电视台一个五十多岁姓肖的记者召集我们开会。李玉义的家和我家是对门，就在他们家大门口开了个会。在

2007年，在天津市"百顺"红双喜杯津门鼓舞大赛中获得"津门鼓王"的称号

我印象中，这是'文革'后法鼓会的第一次会议，杨惠友是当时的会头。会的内容就说，现在大环境也好了，期望能尽快恢复起法鼓。可是当时鼓没有了，基本的东西也没有了。原来我们的鼓归杨庄子农业社，在城市的发展过程中，农业社逐渐消亡，查了查，只剩下一个鼓。其他的东西，钹、铙、铛子、镲铬是村里老百姓凑钱买的。我们的法鼓会分为文场和武场，乐器是武场的东西，文场包括软对、硬对、高照、茶炊子、茶壶、锦旗等等。这些东西都需要置办，钱从哪里来？除了大家自愿捐的之外，就是杨惠友挨着村里推门去要，跟要饭的一样。我记得很清楚，有个人一下子捐了八百，当时三块两块顶现在很多钱了。钱凑得差不多了，我们就开始找人做。可以说，法鼓的复兴，完全是靠全杨庄子人的齐心协力，有钱出钱，有

2010年在西双塘参加天津市非物质文化遗产展示项目活动时的合影

2007年去韩国表演时的合影

冯骥才先生和杨家庄永音法鼓会员在一起

力出力，有关系出关系，有技术出技术。大家共同想把杨庄子法鼓会复兴的愿望很难得，这就是乡音。"正是这种乡音，让永音法鼓一直坚持到现在。现在老杨庄子的人死的时候都有个遗愿，希望能让法鼓来家里敲一场。这就是"鼓缘"，会员对法鼓的感情非常深。当时，因为该会已经停了很长时间，人员不足是主要问题，老会长杨惠友就挨家挨户地找人。

法鼓会自20世纪80年代在民俗复兴大潮中恢复，到现在，参加了1982年海河之春音乐节、1983年人民公园津沽花会、1986年杨柳青花会汇演、乐园国庆活动、月季花节、香港回归、金街落成、妈祖祭典仪式和妈祖出巡、妈祖文化旅游节等多项重大活动。1999年参加天后宫即娘娘宫的妈祖诞辰庆典，从杨家庄渡口乘船沿海河北上，至狮子林桥畔泊船，一路上鼓伴涛声，引得两岸游人驻足观看。2007年去韩国参加花会表演；2010年腊月二十三上古文化街出会；2011年正月初一，参加天津第二工人文化宫举办的首届津坛辛卯庙会；2011年正月十五，晚上在云广新里（杨庄子旧址）设摆表演；2011年正月十六，去河东的大杨庄子庙行会；2011年6月，参加挂甲寺街民俗文化节。2007年，在银河广场法鼓会的比赛中，永音法鼓会被授予了"津门鼓王"的称号。2008年，杨家庄永音法鼓被确定列入第二批国家级非物质文化遗产名录，会头杨奎举是市级代表性传承人。自此，杨家庄永音法鼓进入国家保护体系，但是本应该是终端保护对象的他们，却存在着种种窘境。

2004年，随着城市改造和拆迁的进行，杨庄子不再存在，只留下云广新里一角，住着还迁回来的老杨庄子居民。目前，该会没有固定的会所，资金紧张，器具急需维修，人员缺乏，传承困难，会头及会员每提及此都焦虑重重。一个传承百年的老会，是否能继续传承，让法鼓之音恒久流传。法鼓之音，传承的不仅是精湛技艺，传承的也是百年天津记忆、社区记忆、历史记忆和口头记忆。

三、信仰空间

天津是一座拜神的城，历史上各种寺观宫庙香火旺盛。据统计明代新建或重建各种寺观宫庙共约50座，到清代更是寺庙林立，光绪十年，城内外的庙宇寺观达到132座之多。据《津门保甲图说》记载，到19世纪中期，天津城关及周围郊区各种寺庙已达到近500座。杨庄子居民有信佛者，在自己家里供奉着观音菩萨等神像，烧香拜佛。林宝凤大爷是现在会里打铙者林振强的爷爷，在杨庄子庙堂里是一把好手，一辈子就信佛。他没有出家，只是信佛。这位老人原来在老公所里，后来公所没了，就搬到杨庄子的小佛堂里。一提起他，杨庄子没人不知道。因为他一辈子挣钱不少，种了很多地，有钱就拜佛。他供的是佛祖和几大金刚，屋里屋外都是佛像。"文化大革命"时，"破四旧"都给破坏完了。"四清"时，工作队在老公所里上班，林宝凤老人说，你们上你们的班，我上我的香。在"四清"时期，林宝凤老人去世。公所是在理教的人所用的公共场所，理教的宗旨是戒除烟酒，多行善事，其八宗戒律一要戒烟，二要戒酒，还需行善。

杨益臣是会里的头铙，他家里的人祖祖辈辈都信佛。他父亲在家里供奉三位神像，第一位是敬孔夫子，必须得磕头。他上学以前，要给孔夫子磕头，下了学，要给孔夫子磕头。第二位是拜观音菩萨。第三位是济小堂大仙。以前家里都有他们的神像。一进门儿就是孔子。再往屋里走，有个小佛龛，里面是观音。左边就是济小堂。至于他父亲为什么信济小堂，杨师傅说据他父亲讲，济小堂救过他的命。杨师傅虽然不是佛教徒，但是他信佛。老杨庄子像他家这样信佛的人不少。打钹者吴强也是很小就跟着门口的陶老伯信佛。

杨庄子附近的寺庙过去有大直沽庙、土城庙、挂甲寺庙以及杨庄子

挂甲禅寺

庙。每逢庙会，庙宇附近的花会都会去参加踩街行会。

"先有大直沽，后有天津卫"。大直沽的庙是娘娘庙，因在海河之东，也被称为东庙。大直沽庙会是农历五月初二，活动由农历五月初一持续到初五。每年初五也就是端午节这天娘娘出巡。杨家庄永音法鼓过去经常参加大直沽庙会。

土城，据说形成于17世纪上半叶的明代天启年间。一般指村落外面的土围子，可以防御盗匪的侵扰，也可以抵挡河水的蔓延。土城庙的庙会是农历四月二十八，永音法鼓过去也经常去参加。土城庙会比挂甲寺庙会和杨庄子庙会规模大，庙里供奉的是药王。过去出会，一般都是走着去。参加庙会的各花会先在各个庄子上转，踩街，都转悠完了，最后才到土城庙表演，土城庙会搭大棚管饭。

挂甲寺原在海河之东，20世纪初海河裁弯取直后，寺址才变到了天津市河西区。原名庆国寺，后改为挂甲寺。相传这是"唐太宗征辽挂

天津天后宫

甲"的地方。《天津县新志》云："庆国寺在大直沽南大孙庄。相传古有征辽者驻师此寺，故又名挂甲寺。"唐初年间，太宗皇帝李世民北上征辽凯旋途径海河边时，来到一座寺院休息，便将他征战所穿戴的盔甲卸下挂在寺中，后来人们就管这座寺院叫挂甲寺。挂甲寺本坐落在大孙庄，后因寺之名超过村名，故该村逐渐得名挂甲寺村。挂甲寺庙里前殿供奉的是观世音菩萨，后殿供奉的是释迦牟尼。解放前庙已倾倒，现在已被重建。挂甲寺离杨庄子很近，庙会日期是农历二月十九。

杨庄子庙是本地庙，供奉的是释迦牟尼。农历四月十八是杨庄子的庙会。每逢庙会，杨家庄永音法鼓会就会设摆行会。在杨庄子踩街的习俗每年都有，农历正月初一、正月十五、七月十五、八月十五这些日子都会设摆展示灯彩。解放以后，杨庄子庙逐渐消失。农历七月十五鬼节，也叫鬼会，也会设摆行会。过去设摆最隆重的日子就是七月十五鬼节的时候，主要是为了祭拜亡灵，这和法鼓的起源也有关系。每年到这天该会就要在

天后出巡散福时坐的宝辇

杨庄子庙前搭一个很大的席棚，晚上设摆展示灯彩。但这个只是解放之前有，解放之后便消失了。

天津人好慈善，许多活动乃是为了行善积德。王守恂在《天津政俗沿革记》写道："其济困拯危，尤未能殚记，往往一人倡之，众乃翕然趋之，莫不振人所诎，展人所拙，津人遂以慈善著闻。"尤其是天津"地当九河要津，路通七省舟车"，水陆交通畅达，人口流动频繁，同时又存在着水旱灾害的威胁和四方难民流入的危机，再加上战争和兵灾，盐商和银行家兴办慈善事业，目的在于求得社会稳定。天津慈善事业的兴盛，不仅受到社会发展的推动，而且扶危济困的城市精神也为其提供了土壤。同时，天津作为一个五方杂处的城市，外来移民较多，必须互助才能更好地生存。移民文化、军旅文化、码头文化，造就了天津人富有正义感、爱打抱不平、乐善好施的性格和民风，凡此种种，也促成了很多花会在乡人互助共同捐资下的诞生。

根据笔者的田野调查发现，杨家庄法鼓参加妈祖诞辰祭典仪式和天

天后诞辰时，参加表演的各花会引来众多观众

"催生的饺子落生的面"，妈祖诞辰前一天要给信众舍饺子

妈祖诞辰这天要给信众舍寿面

信众给妈祖的香堆成了山

津妈祖文化节是从1984年该会恢复后开始的，但基本上都是政府邀请行为，和自身的信仰没有关系，该会的会员大部分都不信仰妈祖。该会会员过去去娘娘宫主要是年前去，为了置办年货，娘娘宫附近很热闹，都是卖东西的商户和小贩。去娘娘宫还有一个很重要的目的就是拴娃娃哥，天后宫的道士准备了许多泥娃娃，供求子的人用。如果拴回泥娃娃后，生了孩子，泥娃娃就被称为家里的大哥，孩子被称为老二。

永音法鼓在天津妈祖祭典仪式中既送过娘娘，也接过娘娘，参加过娘娘的出巡散福仪式。接娘娘的时候有专门的组织者负责接驾仪

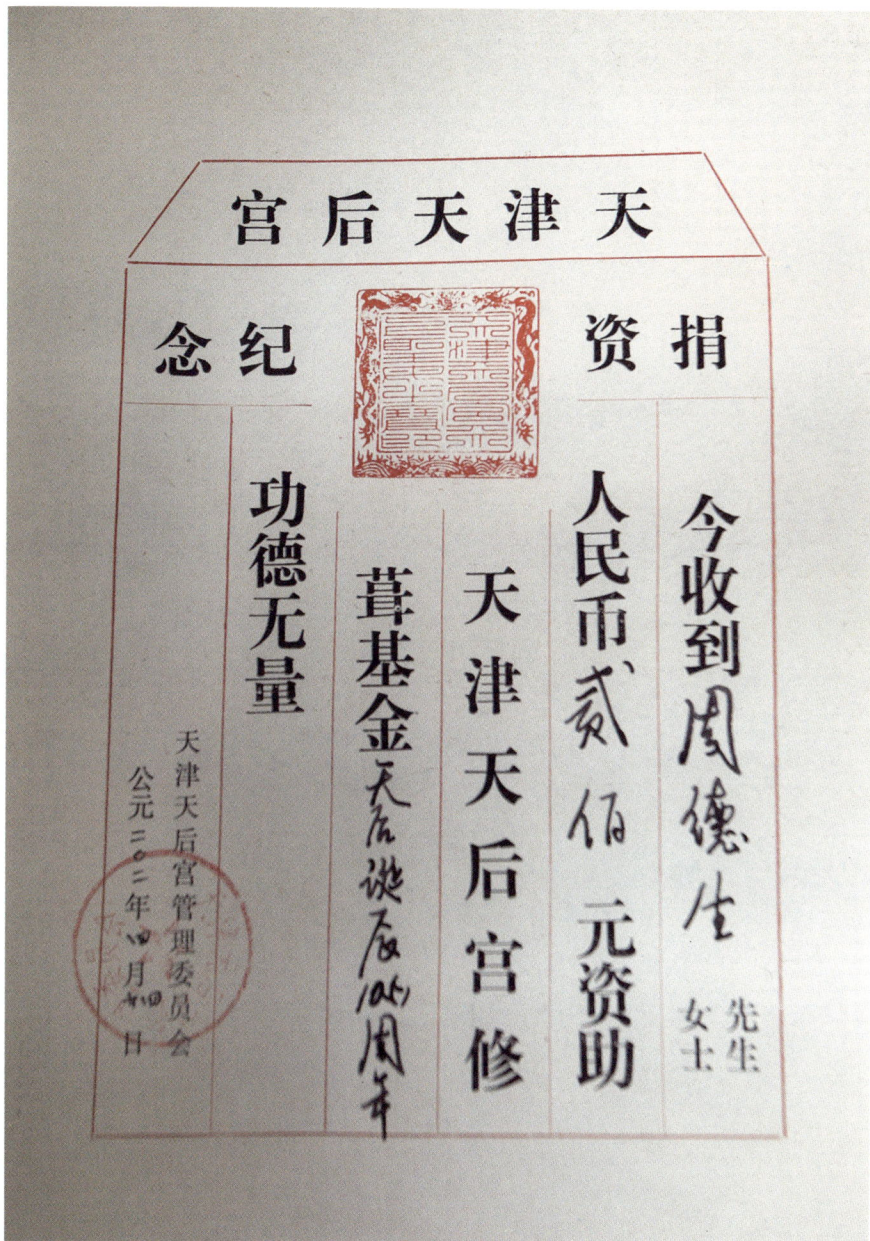

天津天后宫捐资纪念表

娃娃大哥，现藏于天津大学冯骥才文学艺术研究院

天津天后宫内信众进献的还愿船

式，法鼓会主要是听从组织者安排。2009年，法鼓会参加了妈祖的诞辰祭典仪式，仪式从农历三月二十一到二十三，共三天的时间。头一天是起驾，先在天后宫正殿前举行天后华诞祭拜大典仪式，法鼓会在天后宫规定的位置摆放，观看整个隆重的祭典仪式。大典结束后，参加典礼的全套执事和仪仗护卫，护送着天后宫里供奉的天后娘娘、眼光娘娘、瘢疹娘娘、子孙娘娘、送生娘娘，进入宝辇准备出巡散福。五位娘娘出来的时候，围观民众人山人海，各会则紧跟在宝辇后面行会护驾。据会头杨奎举介绍："娘娘一到我们跟前儿了，我们的点就跟着起来了，起点就跟迎会似的。平常如果是一般的会来了，我们的钹举过头顶就行，这个不是。娘娘只要是快来了，我们就上擂，打即兴点（吉庆点），让娘娘过去。早年间，我们的会长上过香。到我这儿，我不上香。到娘娘宫散福，人家在娘娘宫有上香的。我们就往后面一站，我也不磕头，也不号佛。"永音法鼓敲起响亮的五音以示给娘娘祝寿。

2009年，天后诞辰回娘家大毕庄时，杨家庄法鼓坐船去大毕庄送驾

之后，整个仪仗队先在宫前广场集结，将队伍调整后从戏楼出古文化街，进入海河亲水平台，然后沿海河西路、水阁大街，进古文化街，自南至北进行踩街表演，然后在古文化街北门再次集结。第二天（农历三月二十二）参加祭典仪式的各花会在天后宫里头表演。第三天（农历三月二十三）"娘娘回娘家"，娘娘要回东丽区大毕庄的天津市莆田商会会馆。法鼓会及其他花会送娘娘回娘家后，再送娘娘回天后宫。就这次参加妈祖诞辰祭典是三天，以后再参加，一般只是娘娘生日当天。妈祖诞辰祭典时间每年会有所变动，现在一般为农历三月二十二的上午和三月二十三的上午。妈祖回娘家这一"拟亲属"的旧例根据每年的情况时有时无。

现在的天津皇会和传统老皇会相比，无论是在妈祖祭典仪式、祭典时间、祭典群体、祭典管理者，还是娱人酬神的花会表演上，都已经发生了很大的变化。杨益臣师傅说："我理解的皇会，就是天津原来的老皇会。现在各种会比原来的老皇会少多了，而且规模也小了，给各会的表演时间也大大缩短。"妈祖祭典在复兴的过程中，既有继承遗规之处，亦有借鉴湄州妈祖祭典仪式，和世界范围内的妈祖文化圈普适的祭祀仪式趋同，同时还融合了天津本地的民风民俗。仪式具有象征性、符号性、能指性，其建构起的文化、宗教、国家想象性的认同，在全球化的背景下，日益表现出中华性、民族性和宗教性的三位一体化特征。

四、历史传说

对于天津法鼓的起源，据说是，李自成手下的一个将领，跑到庙里当和尚，将庙里的法器和民间的敲打乐结合到一起，再传到民间。笔者在调查时，许多法鼓会都会讲述一个这样的法鼓起源故事。

"要听法鼓，先听东、西园，后听大觉庵"，因为大觉庵金音法鼓，是天津市成立较早的法鼓会，而东园法鼓和西园法鼓是天津成立最早最为有名的法鼓。锦衣卫桥和音法鼓和杨家庄永音法鼓，都是大觉庵金音法鼓传过来的。《天津天后宫过会行会图》中详细记录了东园法鼓和西园法鼓的情况。东园法鼓会会址设在东园紫竹林，庚子事变以后，迁往大直沽。该会历史悠久，随着农村经济破产，东园法鼓会也就解体了。代之而起的是大觉庵金音法鼓。西园法鼓会会址设在西乡大园村和小园村一带，与东园法鼓会有同样的历史。"西园法鼓会的组织，是一个鼓、四个铬子、四个镗子、四副铙、十六副钹，前面有茶催子（茶炊子）、旗帜和软硬对联，最后是一面大旌（大纛旗），上面写着'西园法鼓老会'。"该会的《狮子滚绣球》《老河西》《拉纺车》等都是著名的节目。

法鼓中最值得研究的是上擂，因为这个和历史背景有很大的关系。据说在咸丰年间，太平军想要从天津往北京打，但是在杨柳青这个地方败了，而且败得很惨烈。太平军中的一个首领没有走，在天津的一个庙里隐居，那个庙就在天津杨柳青一带。因为这位首领的军队输得惨烈，想要祭亡灵，把自己的思想感情爆发出来。他通过几年的反复研究，利用庙里面本来就有的几种打击乐器，研究出了法鼓，为的就是用这几种响器表达他的心情。所以上擂时候的调子很悲壮，这是一种心灵的爆发，既悲壮又激烈。现在法鼓的套子中，《对联》和《老河西》流传得最多。《对联》较好解释，有问有答、如辩如诉；但《老河西》却很难解释。

杨家庄本地还有过腊七的习俗。相传，很久以前，杨家庄的庙中来了一位云游的得道高僧，他练就了一种神奇的武功，可以将自己的头劈开后又瞬间合拢，非常厉害，但是这种武功的致命弱点是忌讳在练功时被童子看见。有一次，这位高僧在修炼的时候，正好被正在庙中捉迷藏的一个孩子偷窥到，这位高僧当时便一命呜呼了。于是后来村里的人就有了这样的风俗，每年到了腊月初七这天，杨家庄的家庭中只要有未成年的孩子且又经营生意的，无论身在城市的何处，必然会在门口摆香供奉，而村里有专门的人负责收香，只要走到这家门口双手合十大喊一声"阿弥陀佛"，这家大人便会出来，把早已点燃的香火递给他，接到香火后，此人便头也不回，无论多远，都一口气跑到村中的杨庄子庙，将香供奉在大殿之内。收香的人不能带帽子。杨家庄人认为，这既是对高僧逝去的一种愧疚之情，也是替无知孩子赎罪，认为只有这样才可以保佑家中的孩子平安。

杨家庄还有给孩子过十二岁成人礼的仪式。家中的孩子一到十二岁，便由父母带着来到杨庄子庙，跳大殿中的门槛，跳完门槛上完香后，便头也不回跑回家中，通过这个仪式，祈祷孩子一生无病无灾，平安顺利。

第二章

会规与会况

一、入会

　　永音法鼓老会作为一个以自然居住村落为中心形成的民间花会组织，会里有相对固定的会员。会员分两部分：一部分为前场的挑茶炊子者和武场的五种乐器的演奏者，另一部分为不固定的会员，相当于今天的志愿者，没有固定的表演角色，每次出会都会参与其中，负责打手旗、挑子灯等前场执事。不固定的会员不需要入会，也不需要学习技艺，出会的时候参加即可。会员最多的时期是20世纪20—30年代，每次出会基本是全村男性都积极参与，打手旗、举执事，最少需要100多人。现在不仅固定会员大大减少，老龄化情况严重，而且因为社区拆迁，老庄户人四散，所以不固定的会员大为减少，出会的规模也大大缩小。

　　要想学习法鼓的各种技艺，成为会里的演奏者，就需要入会。会员入会在年龄、民族、信仰、职业等方面没有特别限制。但是在性别上有严格规定，只限男性入会。一般法鼓世家的孩子自然而然地就可以参加法鼓会。因为法鼓在杨庄子是"庄粹"，家家户户、祖祖辈辈都知道，而且每家都有在法鼓会里的人，有的是隔辈儿有。会头杨奎举师傅哥儿五个，除了一个兄弟没学法鼓之外，其他都学了法鼓，这样的法鼓世家在杨庄子比比皆是。会员入会在地域上也有限制，只有本庄子的人才能参加法鼓会，外庄子的人不行。外庄子的刚搬进来的也不行，住个二三十年方可以考虑。老年间的老人保守，技艺不外传，认为法鼓会特殊。现在该会在传承难以为继的情况下，倒是希望更多的人能够来学习法鼓。杨奎举说："只要你愿意学，好这个法鼓会，我就愿意教。"法鼓比较严肃，需要表演的人孔武有力，因此会里还有明确的会规，淘气的、流里流气的人不让学，得是规规矩矩的孩子，知道家底的才能练。

一般会员入会没有入会仪式，也没有拜师仪式。如果想入会，会头点头批准即可，同时，会上的老人直接批准了也行。早些年，到晚上吃完饭，刚一哨鼓，会所周围的小孩儿就立刻跑来，会敲的跟着敲，不会敲的跟着看，或者在后面跟着拍手呱掌握节奏，慢慢地自然而然就成为会员了。

法鼓会的训练基本是从小开始，从练习拍手呱打拍子开始。因为刚学的时候年龄还小，一般情况下都得先学这个，得懂节拍和节奏。不拍手了，开始打镲铬，打熟悉了，人也长大了，开始练钹，练钹也得从拍手呱开始，这时候差不多长到十二三了，也能拿得动钹了，才开始正式打钹。过去的钹比现在轻，是专门给小孩子预备的。到了二十多岁的时候，按照过去的规矩，就要往铙上挤。年纪太大打不了铙的时候，就打镲铬，或者站在最后面打铛铛。这是一个敲打五音的循序渐进的过程，随着年龄的增长，敲打的乐器会有所不同。到了五十多岁的时候，可能什么也打不动了，就做一些管理或者后勤工作。比如说，过去打铙的、打钹的，时间长了手上会出汗、会滑，为了防止手滑，得弹一点松香粉，这个活也得有人去干。

所以，会员一入会，先得练拍手，掌握节拍节奏。然后就可以打小镲铬，打到一定程度才可以正式摸家伙、学法鼓。会头得看是不是那块儿料，有没有耳音。打镲铬必须能打得一板一眼时，才可以开始学打钹。钹学到一定程度，就可以学打铙。在调查中，每位会员都强调学法鼓重在一个"熏"字，慢慢把耳音熏出来，耳音有了，法鼓也就学会了一半，所以，过去学法鼓，多是一个耳濡目染，口传身授的"熏"的过程。

法鼓会是自娱自乐的一种民间游艺，所以，永音法鼓的会员既没有工资，也不交会费。会里的东西属于公共财产，会员不能拿会里的东西，表演器具都放在会所里，会员不能拿回家，应该爱惜会里的一切器具。

天津的法鼓会众多，每道会的风格都不尽相同。因为过去的技艺保密，老人也保守，不相互沟通，而这种艺术形式的传播靠口传身授，每个人的不同风格对法鼓的影响很大。所以，会头对会里的影响最大，因为会头并不单纯是会的组织者，还要进行技术方面的传承，头钹、头铙对会风的影响也很大。永音法鼓会的套子基本全是欢庆愉快的，节奏比较其他会来说要略快一些。这种特色和会头的风格、性格主要是和杨惠友有很大关系。在"文革"前，他是会头，在"文革"之后法鼓恢复时，他还是会头。他会敲鼓，会打钹、铙，是全通之人，在"文革"前农业社时期，他收了最末一批人，全部是他一个人来传授。因此他的性格、技艺特色对下一代影响很大。他的性格比较豪爽，大大咧咧。因此，别的会半点比较多，永音法鼓会只有在六九钹的时候有很少的半点，因为只有节奏慢的时候才敲出这样的格楞点，节奏快了敲不出来。

会里的会员在杨庄子里大多沾亲带故，所以，一般都称长辈为"×爷"，或者年长者称平辈的人也为"×爷"，如会员都称老会头杨惠友为"二大爷"或"杨大爷"，称杨奎举为"五爷"，称邱凤鸣为"邱五爷"，同辈之间有的喊"邱五儿"，李玉义眼瞎，就被称为"瞎老爷"。有的时候，也喊会员的外号，"唐老井"就是个外号，因为他院里有口井，喊着喊着，真名就忘了。传统村落之间的人情，在法鼓会这一日常生活之外的"非常"空间中也被延续和传承，而且法鼓成为了传统村落中精神力量的核心，即便遭遇拆迁，传统村落受到破坏，但是法鼓会员之间仍然有顽强的凝聚力，法鼓会作为该村落的一个认同符号仍然继续存在。

二、出会

　　永音法鼓平日练习，受邀参加各种庙会、演出、踩街等活动时，称为"出会"。出会时，有行会和设摆两种表演形式。每次出会，永音法鼓都极为重视，之前要进行演练，配合五音的节奏和上擂时的动作，以确保正式出会时无误、漂亮。

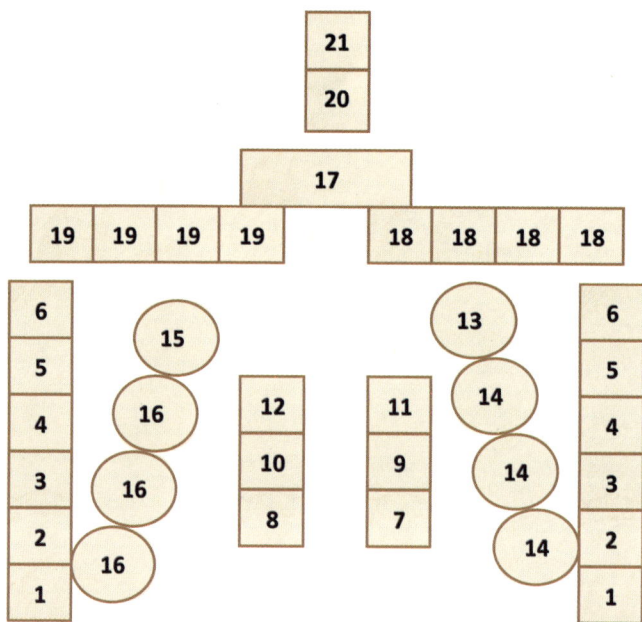

设摆表演示意图

　　1.门旗；2.高照；3.软对；4.硬对；5.灯牌；6.串灯；7.茶炊子龙挑；8.茶炊子凤挑；9.茶炊子花草挑；10.茶炊子狮子狗挑；11.龙筲；12.样筲；13.头钹；14.钹；15.头铙；16.铙；17.鼓和鼓箱子；18.铛子；19.镲铬；20.纛旗；21.九图灯。

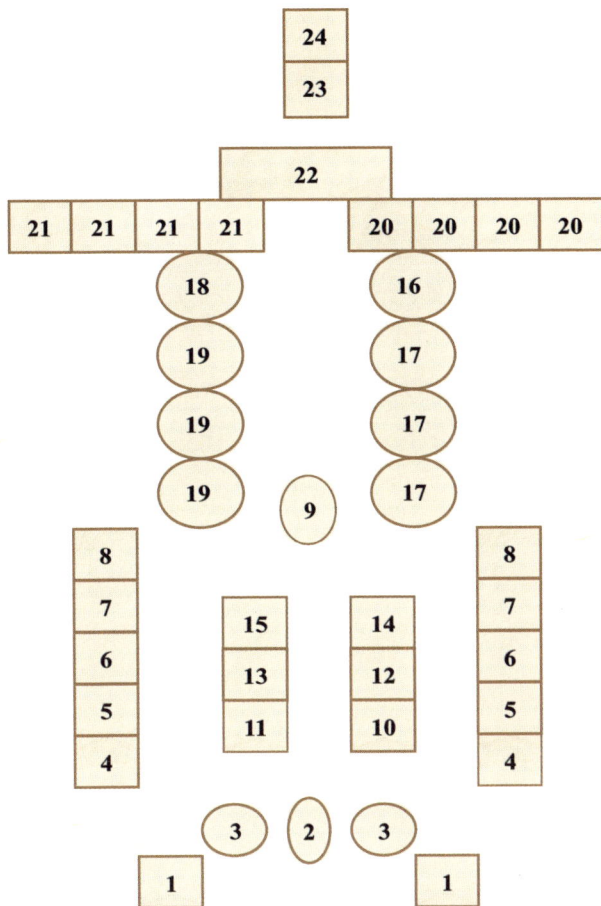

```
                    ┌──────┐
                    │  24  │
                    ├──────┤
                    │  23  │
                    └──────┘

              ┌────────────────┐
              │       22       │
              └────────────────┘
    ┌────┬────┬────┬────┐    ┌────┬────┬────┬────┐
    │ 21 │ 21 │ 21 │ 21 │    │ 20 │ 20 │ 20 │ 20 │
    └────┴────┴────┴────┘    └────┴────┴────┴────┘

            ( 18 )                  ( 16 )

            ( 19 )                  ( 17 )

            ( 19 )                  ( 17 )

            ( 19 )      ( 9 )       ( 17 )

    ┌────┐                          ┌────┐
    │  8 │                          │  8 │
    ├────┤                          ├────┤
    │  7 │      ┌────┐  ┌────┐      │  7 │
    ├────┤      │ 15 │  │ 14 │      ├────┤
    │  6 │      ├────┤  ├────┤      │  6 │
    ├────┤      │ 13 │  │ 12 │      ├────┤
    │  5 │      ├────┤  ├────┤      │  5 │
    ├────┤      │ 11 │  │ 10 │      ├────┤
    │  4 │      └────┘  └────┘      │  4 │
    └────┘                          └────┘

            ( 3 )  ( 2 )  ( 3 )

    ┌────┐                          ┌────┐
    │  1 │                          │  1 │
    └────┘                          └────┘
```

行会示意图

1.门旗；2.头锣；3.挑子灯；4.高照；5.软对；6.硬对；7.灯牌；8.串灯；9.腰锣；10.茶炊子龙挑；11.茶炊子凤挑；12.茶炊子花草挑；13.茶炊子狮子狗挑；14.龙筲；15.样筲；16.头钹；17.钹；18.头铙；19.铙；20.铛子；21.镲铬；22.鼓和鼓箱子；23.纛旗；24.九图灯。

永音法鼓不参加婚丧嫁娶事儿，村落中婚丧嫁娶这些人生礼俗大多和永音法鼓无关，一般出会都是附近的庙会。过去该会最经常参加的就是杨庄子附近的庙会，有固定的出会日子。解放以后，为了庆祝国庆、引滦入津等纪念性活动，也会出会。现在出会，已经没有固定的日子。一般都是受邀请才会出会，比如参加妈祖诞辰庆典、劝业场的踩街等。该会在20世纪80年代初加入民间广场联谊会，有时出会是由联谊会通知。现在永音法鼓会一年大概出会七八次，既有政府邀请，也有商业邀请，每次出会都会有一定的资金收入。该会正在努力恢复一个老传统，每年的农历正月十五晚上自愿在老杨庄子所在地，今云广新里设摆。2011年农历正月十五，已经是第三次设摆。灯彩摇曳，观看叫好者众，从晚上七点开始一直到九点半，前场的茶炊子和武场轮番精彩上演。永音法鼓被观众称为"乡音"和"乡情"，自从杨庄子法鼓的会所搬走，回迁的原杨家庄的人对法鼓最是想念。

该会既没有祖师爷，也没有保护神，所以出会前没有祭拜的仪式。但是有一些禁忌，比如出会的时候不能说不吉利的话。

出会人员的安排由会头决定，出多少人，文场里出几挑茶炊子，武场里出几副钹铙、几副铛子、几副镲铬，头钹、头铙由谁来敲，前场儿都出哪些，这些都由会头和会里的几个骨干提前安排。

现在都是受人邀请才出会，出会的资金来自于邀请方。过去出会有资助，比如哪儿有个门脸，谁有钱，就会给捐点钱，有的还会专门给法鼓会搭大棚。有时，还可以在老庄子里敛钱。快到庙会了，庄子里就会有一些组织者，绅士头目等在老庄子里让大家捐钱。比较有钱的人家，有的是地主，也有脚行或者富裕的农户，都会给会上捐点。而现在出会，如果没有钱，就无法出会。永音法鼓老会会员不交会费，资金来源主要是出会费，出会一次挣点钱。市里组织的活动，半天给2000块钱。出一天，就给多点。街道组织的演出，给1000块。出一次会的开支很大，再加上会里的东西需要维修，所以，现在会里经济上负担很重。会长杨奎举说："我光这个运输费，还得找大点儿的车。把东西拉去，往返一趟，850元，不像以前便宜。我出去一趟，回来，大家都辛苦了，最少也得摆两桌三桌，现在一桌饭得500块钱。还有平常的东西要修修弄弄。"

出会，就要行会。法鼓有两种表演形式：行会和设摆。行会就是按照指定的路线在街上踩街、表演。设摆就是在出会表演的地方将前场和武场的器具按照顺序摆放，晚上设摆还要点上灯彩。

设摆时，把前场设摆在场地中，武场在中间表演。文场设摆的时候得看情况，要是八字型的马路，就需要左右八字排开。如果是正式设摆的情况，就得有个八字形的角落才好。一般的摆法是，如果门脸在那儿，法鼓会可以冲着门脸儿摆。这样摆的时候，以鼓为中心，以大八字形辐射开，意思就是说这块地方是我的。武场会摆得较近，文场会摆得较远。因为武场表演以前，文场要先表演。

武场设摆，以鼓为中央，其他乐器呈对称的位置摆设。鼓一面，其他乐器最少为四套，必须为双数。具体的设摆方式是：鼓在中央，钹、铙、铬子、铛子放在鼓箱子前面的大箱子上。过去设摆要搭一个大棚，光设摆是一个简单的说法，还得请其他友好的会，比如请一道高跷会，请一道狮子会，请庆音的法鼓会。别管是请哪些会，大家到一块儿来，热闹热闹，就像庙会一样。鼓后面是纛旗（纛旗白天放，晚上它的位置放九图灯），鼓两边一边一个串灯，鼓箱子两边呈八字排列，左右对称，依顺序分别是左右各四个灯牌，各两个软对，各两个硬对，各两个高照，各十个小手旗。在这个八字形的设摆中间，放着茶炊子，一般是一排四个，有时两排，有时一排。武场表演开始的时候，其他设摆的

设摆的布局

会员在设摆安装茶炊子

在古文化街行会时武场的表演

在古文化街行会时前场茶炊子的表演

在天后宫宫前广场的表演引得众人欣赏

杨家庄永音法鼓会参加天津大学第二届"北洋文化艺术节"，在冯骥才文学艺术研究院内表演

顺序不变，钹、铙、铬子、铛子从大箱子上拿起来，四副钹站在鼓的右侧，四副铙站在鼓的左侧，铛子一边四把站在鼓的两侧，镲铬一边四把站在鼓前边的两侧。茶炊子还在中间，不过，文场挑过之后自然地会把茶炊子排得比较紧，以有利于武场的人表演。

行会是边走边演奏，行进中前进与停止都由头锣与二锣指挥。行会的时候各种演奏乐器鼓、钹、铙、铛、镲敲的是常行点的单点。具体行会的仪仗队形是：最前面左右各一面大门旗，中间是两个挑子灯，挑子灯前面是会头，挑子灯后面是几副茶炊子，一排两个，呈竖排行会，茶炊子左右分别对称排列两个高照、两个软对、两个硬对、四个灯牌。文场和武场中间是腰锣，腰锣后面左边一溜是钹，右边一溜是铙，中间是鼓，鼓前面两侧分别站着镲铬，鼓中间两侧分别站着铛子，鼓后面是推鼓的人，再后面是纛旗。行会的时候不带着串灯。该会早年出会的时候，硬对、软对等外围还有许多小手旗把场子给围护起来，现在已经没有那么多人出会，所以，这个围护场子的小手旗已经不用了。

行会时，会头走在队伍的最前面，在两个大门旗的正中间，负责在行会路线头里抢会道、要会道、等会道。换帖用的香袋挂在会里的老者身上。会里有头锣和腰锣，头锣也叫堂锣，腰锣也叫二锣。因为文场和武场的队伍比较长，所以，在文场的前面有个头锣，在文场和武场中间站着腰锣。头锣敲两下，是行会的信号。停会的时候，"铛"一下，就得撂。也就是说，响一下，是停；响两下，是起。比方说队伍朝前走了，有的时候好多会参加庙会，会停了，该会的头锣就"铛"地敲一下。头锣响了，腰锣要赶紧回应头锣一声。一敲，大家赶紧停，推车的人也跟着停。

出会的时候，队伍里还有许多董事。头钹杨益臣的父亲早年间就是法鼓的董事。所谓董事，就是杨庄子只要一出会，这些人都得到，都得往会里拿钱。看看这次会出哪儿，出多少钱。杨庄子法鼓会就是杨庄子老百姓给养起来的，大伙儿凑钱。出会时，前面是敲堂锣的，后边就是这些老人。所谓"杨庄子老人，跟在后边儿"，老人后面才是会。现在敲堂锣的没有了，出会都有固定的安排。所以，就把堂锣给取代了。不过还会有一个比较年长的人，挎着香袋，在前面走，香袋里面是会帖。到拜会的时候交换会帖。这些老人就是董事，董事不表演，这就是乡情难忘。

鼓一响，先打常行点。打鼓的就是"嘟噜儿楞噔噔噔嘟噜儿楞噔噔噔嘟噜儿楞噔噔噔嘟噜儿楞噔齐哒噔"。铛子一下一下地敲，文场表演时敲的也是这个点。鼓、铛子、镲铙，响响就行了，钹、铙不响不要紧。这个时候挑挑儿的人都挑起来了，围着大八字的场地以走圈的形式转悠。挑茶炊子要求不用手扶，挑出来还要让它平稳，走出这个步儿来，挑儿要上下颤动。如果有灯彩儿，茶炊子里的灯彩也要颤动，穗子要让它左右摆。功夫都在步上、肩上跟腰

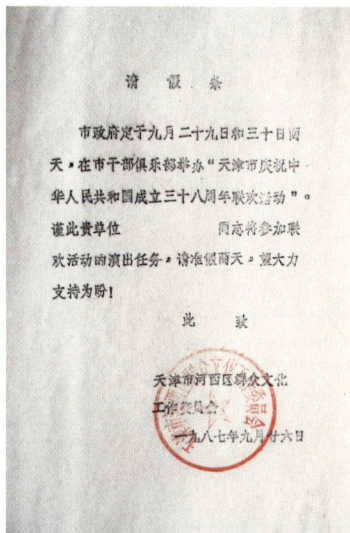

以前出会，由主办方开个请假条，就可以在单位请假出会

皇会广告（《大公报》1936年4月12日）

《天后宫庙会之形形色色》（《大公报》1936年4月9日）

上。茶炊子不好挑，不能左右摆，一左右摆重心就跟着摆动了。茶炊子得上下颤，上下颤就很平稳，而且还要把挑子搁在肩膀中心的地方。

出会时，有出十副挑子的时候，也有出四副的时候，也有五副的时候，还有二副的时候。现在挑茶炊子比较好的，有翟富贵、杨永民、杨星伟、陶金禄，最小的已经60多岁。茶炊子表演多长时间要根据茶炊子的分量走，百十来斤的茶炊子搁在肩膀上，挑得差不多转两圈三圈，就累了，这个时候改点，一改点，家伙场子就上场开始表演。武场的表演主要是敲曲牌和上播。

过去出会，会里都是自带一个大水桶，里面装满茶水。有时候天热了，出会就带点绿豆汤。有时候出会，还经常会有别的人来会里要水喝。过去去土城庙或大直沽庙出会，庙旁边有老公所，里面一般都是一些老人们、绅士们，已经摆上白皮儿等点心，法鼓会员到那儿表演时就吃点。

以前出会，只要主办方开具请假条，会员们拿着请假条到单位就准假，可以顺利出会，现在则没有这种便利条件。过去出会，还会用席子搭大棚。杨庄子庙会的时候不搭大棚，因为庙门前有很多做买卖的人，如果搭大棚，就没有做买卖的地方了，而且还得给其他来参加庙会的花会腾出会道。所以，搭大棚出会一般是在正月十五或七月十五鬼节的时候。大棚搭在庙门前，在棚里设摆，表演的时候在外面表演。

三、会规

法鼓会的老人说"参加法鼓会，必须遵守会规"，因为法鼓是个规规矩矩的会，庄严且肃穆，会员需要奉会规为圭臬，不能违规。

杨家庄永音法鼓没有成文的会规，靠口耳传习，规范会员。老会规虽然已经消失，但还点滴留在会员的脑子里。在他们看来，所谓的会规，也就是一点纪律。

1.不能拿会里的东西。法鼓会的会员没有工资。要说从法鼓会里拿钱走，分点什么是绝对不允许的。凡是东西到了法鼓会屋里头，任何人不准拿。外边来的财物都是归到会上的，不归个人。

2.该会还强调一个"孝"字，对老人要尊敬。还有就是言语方面，老的在小的跟前要做表率。言谈要注意，大人说话的时候要注意对孩子们的影响。

3.老会规中还规定要保密技艺，不得外传。但是现在已经不强调这个会规，希望更多的人能够来学法鼓，使之继续传承下去。

4.不能乱动乱摸会里的器具。该会最忌讳的就是敲这个表演器具的随便乱动别的表演器具。会里的乐器都是神圣的，不能随便摸，靠近点都不行，特别是鼓。该会打鼓佬杨奎有回忆学鼓经历的时候就说，老一辈的人敲鼓，他听，不懂的地方他就问，全凭一个"熏"字。刚开始学的时候，不让摸鼓，就敲板凳，敲了一年多，后来听着敲得差不多了，老师傅才让摸鼓。想学哪种乐器，要不是在家里练得差不多了，去会里肯定没人理。当初学钹的人，不在家里练上个大半年的拍手呱，是不可能摸到钹的。

5.表演时要目不斜视，聚精会神。如果表演时不认真很容易出现伤人的事情，因为钹、铙的边儿都十分锋利。听到哨鼓要赶快回到法鼓队伍中，准备开始表演，不得停留。

6.不办婚丧嫁娶事儿。

会里的会规一般不得违反，一旦违反，就会勒令退会，但是一般没有违反会规的会员。

四、会与会的交往

会和会之间的会规是正式的会规。互相换帖的时候，得知道礼让。

1. 换帖

会帖，上面一般写着本会的会名，杨家庄法鼓的会帖上写着"天津市挂甲寺街杨家庄永音法鼓会仝拜"。老会帖上的字都是用戳子印上去的。帖的尺寸是高23厘米，宽12厘米，一般用红纸印会帖。帖放在拜匣里，拜匣是用木头做的，放在香袋中。出会的时候，由一个会里的老人专门负责背香袋。请送会、会见会、拜会的时候，就要交换会帖。这是老传统，意思是有什么周到不周到的地方，互相关照，这是个礼儿。以前换帖的时候，还有"会见会，打一跪"之说，送帖的时候，还要单腿下跪，现在已经没有这个规矩了，改为换帖的时候双手抱拳作揖。

2. 拜会

一道会行到另一道会门前时，就要停下来拜会。以前出会的时候，路过一个庄子，知道这个庄子里有会，也会停下来拜会。拜会的时候，引锣人让队伍暂停，被拜者出来迎接，双方互相换帖作揖，然后拜访者

会帖与会帖匣子

要演奏表演一番，法鼓通常表演最精彩的上擂。拜会的日子一般不固定。杨庄子法鼓去天津市北辰区刘家园祥音法鼓拜会，去了以后，是杨家庄法鼓先玩儿一番儿，刘家园法鼓再玩儿一番儿，然后吃饭，吃完饭走人。拜会时敲的曲牌和表演程式与平常一样。

3. 请送会

每逢庙会，除了本庄子的花会出会之外，还会邀请邻庄的会来表演，就需要请会。或者在表演会场中遇见了，希望邀请对方的会来自

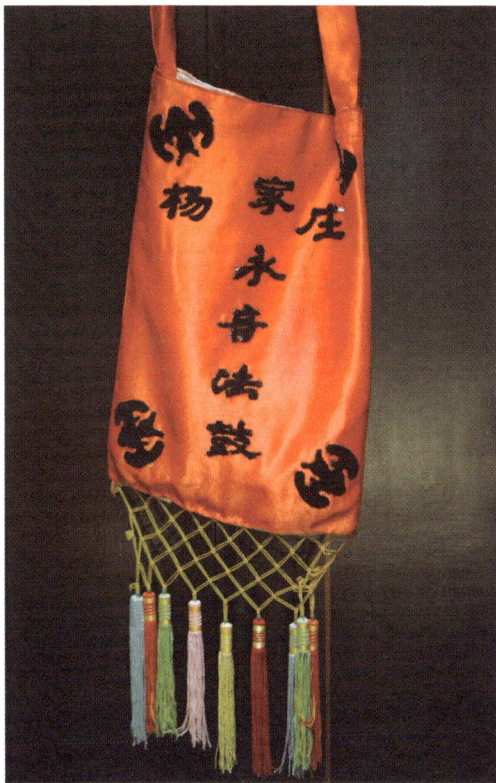

香袋，装会帖之用

己这里擂一场，也需要请会。请会时，会头和几个人带着两把铛子，拿着会帖，再带两把手旗。会头在前边，一拱手，说一声"爷"，敲铛子的"铛铛铛"、"铛铛铛"敲几个音。响完音后，会头的这个揖必须得做到位。如果请别人家的会上这儿来表演，人家来了，打钹的人要把钹举起来，过头顶，表明礼让。有的时候，请会者还要提前三天去下会帖。三天后，被请的会到了，还需要到村口去接会，接会者一般都是村里有威望的人和会头等，举起手中的乐器或旗子，会头互相作揖换帖。现在，熟的会之间不用发会帖。打个电话，说上我们这儿会玩玩来，就行了。被邀请方只带人去，用邀请方的家伙打就行。

4. 会见会

杨家庄永音法鼓老会去大杨庄圣辇老会拜会时送的锦旗

两道会在行会中相遇，双方首先要停止演奏，演奏者将手中的表演器具举过头顶，敲钹者钹心朝上，打鼓佬举着鼓槌子，以示敬意。让双方错开行进之后，才能再继续表演。如果说会见会，双方表演还没有停下，就是违反了会规，容易发生"欺会"、"砸会"现象，引发冲突，所以才会制定会规，对大家进行约束。1947年，杨家庄永音法鼓去大直沽参加五月初二的庙会，跟东楼高跷打了起来。就是因为东楼高跷有点不懂这个会规。杨庄子有个暗语，"出去四个高照回来仨"，意思是杨庄子的高照叫人给砸了一个，而永音法鼓把高跷会一个拿旗杆儿的人打死了。那时候还是民国时期。在进香的时候，本应该一个会一个会挨着走，但是东楼高跷进完香后就在那儿耍。杨家庄法鼓在那里等着，可是越等他他越不走，成心不让杨家庄法鼓进去进香。就是因为这个，两边闹了起来。另外，两个会都想走主道，高跷会的人抢到了头里，但是旗子虽然抢在头里，打棒槌的还没过来。那么法鼓会如果插进主道去，把他们掐断，就会引起冲突。法鼓已经举起来家伙儿，东楼高跷没搭理他，没给他让道，这不仅违反了会规，而且对于永音法鼓来说还是很栽面的事儿，而玩儿会的人最在乎的就是面子。所以，玩儿会的人都是一帮耍。遇到这种情况，需要一些有身份的人或者是混混儿来维持秩序。

所以，现在永音法鼓老会凡是出会，都会提前确定位置和行会路线，以免会和会发生冲突。凡是组织者，也都知道有这个规矩，会把每一道会的顺序安排好，按着顺序走。如果谁都乱来，都想抢头一个，占个好位置，就容易产生冲突。所以，出会前要知道会场在哪儿，得提前去看地方，把车道和行会路线让出来。

五、会与民商的关系

天津皇会无疑和民商有着千丝万缕的联系，皇会多由绅商富户承办，在清朝主要是盐商、当行；民国以来主要为银钱业。当年各绅商分别承揽一项专责，如天后所乘华辇由鼓楼北合丰朱家承办；其他四位娘娘所乘宝辇例由口岸店盐商王小舫承办；天后像前的銮驾例由盐商赫赫堂李子赫承办。五位娘娘所戴凤冠，全用珍珠缀成，例由北门里天兴德金珠店负责。

传统商人、近代买办、商人、金融家、实业家及小商贩共同构成了天津的商人群体，他们之所以积极踊跃地支持皇会，一方面是为了繁荣经贸，另一方面"面对庞大的下层社会，他们清晰地认识到：在利益分化的时代，如果分化超出了公平的底线，则将在各个阶层和各个群体间制造出鸿沟和对立。这不仅有损社会公正，还将影响社会和谐，成为社会不稳定甚至动荡的根源，使得所有人的利益得不到保障。因此，在地方官员的倡导和主持下，地方绅商组成了各类慈善和救济机构，这些慈善救济机构在平衡社会财富，扶助下层社会，推动社会公平，稳定社会秩序方面发挥了一定的作用。……平衡了财富资源，防止了大规模的分裂和冲突的发生，实现了互利和共赢"。[1]

永音法鼓以前出会的时候，街道沿途都是商店。比较富裕的商家就会在门前搭起看台也就是席棚看戏，或者是摆上八仙桌，上面放上点心、茶食等，请通过的会进行表演，这叫"截会"。这和天津人讲阔比富的习气有关。法鼓会具体表演哪套，要看情况并由会头决定。杨家庄法鼓出会，碰上哪个商店有杨庄子的老板，那就没别的说，到那儿肯定给他耍耍，撂一场，给他的门脸挑挑人气儿。有时是外庄子的商户，门

1.任云兰：《近代天津的慈善与社会救济》，天津：天津人民出版社，2007年，第67页。

口也会摆两包点心表示欢迎，有的门口摆四包点心表示欢迎。摆四包点心的商户，就上四副钹铙，摆两包点心的商户，则上三副钹铙，或者打个"双套"，来个上擂。商户再隆重点，会里就出五副钹铙，或者再打个双套，打的时间再长点。过去出会，只要走到有买卖家人的门口，小锣一敲，整个会就得"撂"，叫"撂一场"，就是敲一通法鼓，表演一番。演奏器具一敲，买卖家就会给糕点，给烟和茶水，老会要打上一通才能走。

东浮桥在过去是一个蔬菜批发的地方，离杨庄子不远，杨庄子有好多人在东浮桥开铺，做点小买卖，开小门脸的人被称为"赶洋"。杨庄子的菜下来以后，就卖到这些东浮桥的小门脸里，这些赶洋者再把菜卖给买菜的人。杨庄子在东浮桥赶洋的多，而且在这个地方有脚行，因为菜来了以后得卸货、装货，就需要由脚行的人来干。脚行里有劳动力，也有把头，这个把头是杨庄子的人，在当地也比较有势力。所以，杨庄子永音法鼓也会去东浮桥出会。出会的日子不固定，不是每年都去，20世纪30—40年代没出过别的会，就去过东浮桥两次。一般是秋收季节忙过后，年前赶个好节气，就去出会，给他们壮壮门面，聚聚人气。有时是该会主动去的，有时也受这些赶洋者邀请。一看到永音法鼓来了，这些赶洋人就会给点钱意思一下，摆上桌子准备点心这些吃的东西。在东浮桥赶洋的不只是杨庄子的人，还有其他庄子的人，各地的都有。以前，有的买卖家里自己就有法鼓，所以，杨家庄永音法鼓到东浮桥出会，不能栽面，就得出全套的前场和武场，挑茶炊子的、敲鼓的、敲钹铙的必须挑最好的人。

以前，永音法鼓参加附近的庙会，庙门口都是买卖人家在卖东西，物品丰富，所以，大家参加庙会主要也是为了采购东西。每逢庙会，既能买东西，也能看各种花会的演出。法鼓会既可以给商家聚拢人气，也可以酬神娱人。而且，有的买卖家本身就有法鼓，可以招徕顾客。

法鼓用俗话说是玩儿会，玩儿会就离不开钱，所以，法鼓流传到今天，和庙宇、群众、官宦人家这三者的关系十分密切。当没有资金注入的时候，就显得异常难以为继。

第三章

程式与技艺

一、角色

杨家庄永音法鼓会的角色主要是武场鼓、钹、铙、铛、镲的表演者以及文场挑茶炊子的表演者。这些角色一般都没有化妆，是素妆。

鼓、钹、铙、铛、镲铬的表演者服装统一，最早是黄色的服装，2007年去韩国表演时置办了一身白色的服装，现在还是黄色的。服装的布料是绸子，包头巾仿照义和团的打扮系戴，对于鞋则没有特殊的要求。

挑茶炊子的服装则十分有讲究，是清朝时期的服装样式，帽子是白顶红穗子的翎子凉帽，蓝大褂，白色裤子，鞋一般没有要求，黑白皆可。

武场的五个表演角色中，打鼓手必须得硬，技术必须熟练，得纯。永音法鼓老会打鼓者最好的是第六代艺人李玉义。李玉义的眼睛不好，人们称他为瞎老爷。李玉义在敲鼓的时候手腕子、鼓楗子都不离鼓皮。人在旁边听，他敲单点的时候声音相当脆，特别清楚。那个嘟噜声只有他能打出来。李玉义的

过去会员穿的服装袖口上会戴袖夹缝制会名

挑茶炊子者

敲鼓者

鼓打得好，是因为抗战，日本人一进天津，法鼓都拾起来不敲了。他在自己院子里，拿个藤子棍儿每天敲，敲了八年，他经常在大院子里拿太平鼓练鼓点。他擅长的是双鼓，大家公认，他是法鼓会历届鼓手里水平最高的。1987年在天津杨柳青举办了一场天津法鼓大聚会，以西边的法鼓为主。第一因为曲谱以《对联》和《老河西》居多，第二因为只要是在海河边沾着水的会，都有娘娘和宝辇。一道道法鼓上台表演，基本上所有的会敲鼓的点都是单点，只有李玉义敲的是双点，整个手腕子特别灵活。会里陶乃公的鼓敲得也有特色，他敲的是单点，但是单得相当有气魄，因为他敲得与众不同，是反点。相同的时间之内，他敲的音色、音律都不变。

郭祥瑞打鼓也好，他是第五代。有一次杨家庄法鼓出会，出到东浮桥。过去是菜市场一样的地方，也有脚行。有个脚行头，一听杨庄子法

敲钹者

敲铙者

鼓会到这儿了，就让在东浮桥踩街。请了好几道会，其中有杨庄子永音法鼓，还有锦衣卫桥和音法鼓。打鼓就是你打一套，我打一套，就像打擂一样，最后别的法鼓都不敢敲了，用当地话说就是比呲了。

杨惠友、唐恩成是全能，鼓、钹、铙都打得不错。现在会里打鼓最好的是杨奎有，他是第八代，技艺是李玉义、杨惠友、唐恩成糅合在一起传授的。他从小就学法鼓，正式开始敲的时候只有七八岁。当时他家有两个板凳，棺材盖儿做的，他因为个子矮，够不到鼓，就只能站在这个上面敲。为什么这么神圣的鼓会由一个小孩去敲呢？一是因为在家里他就能听见敲鼓点的声音，一直在家偷偷练，练了大概有一年多的时间就能出会了；二是因为大家

敲铛子和镲铬者

都没见过这么小的孩子敲鼓，觉得新鲜。

打钹者最好的是高晓升和李玉珍。他们俩都是练武术的出身。动作好、身段好，膀大虎腰，身段圆得嘟噜。飞钹、飞铙的人，如果胳膊短，打出来的架势就不如膀大虎腰的好看。胳膊短的话，打不出来那个飞钹的花。现在打钹最好的是张世升、吴强。

打铙者最好的是李玉义，技艺最高。现在打铙最好的是杨益臣。

会里现在打铛铛的有几把硬手。张金铎、于振义、张俊、吴凤起，这些人都已经70多岁了，打铛子的人都是从钹、铙那儿转过来的。

现在会里没有正式打镲铬的人，都是一些边边沿沿的人在敲，现在主要由会头杨奎举盯着铬子。在过去，一般打镲铬的人都是小孩儿，现在基本上都是老人在打，也有两个十来岁的小孩儿在跟着学。可是由于城市拆迁改造，造成了法鼓老会环境的改变，人员流散，已经没有太多孩子学习法鼓了。

挑茶炊子人员中最好的是第五代艺人丘五儿（丘凤鸣）。他个子高，一米八几，长相好，腰头身段也好。他挑茶炊子是个功夫，挑的时候手不扶挑子，面容也不改变，看的人没有不叫好的。张世忠挑得也不错，他的儿子、孙子三代人都在会里。但过去文场的人，嫌他个子矮，不要他。因为原来会里定了好多规定，其中就规定，挑挑子的人个子必须要到一米八，形象得好，个子得高，颤悠的幅度也得大。但他特别好这个，那时还没平房改造，大概是在1981年左右的时候。当时一哨鼓，他就来了。会里的茶炊子平时不往外拿，他就找了两个装啤酒的箱子，里面搁上砖，再拿一些绳子绑上，他用这种方法练了很长时间，一上手挑茶炊子，就挑得格外好。

文场的茶炊子有六挑，第一挑是龙挑，比较重，一百斤多点。第二挑是凤挑，九十六七斤。第三挑是九狮图，也就是狮子狗，最重。第四挑是花卉的。再往后是龙筲和竹筲。这是正式的六挑，还有点心箱子和衣裳箱子。过去出会都得挑出来，现在要是出国或者正式表演才挑出来。

茶炊子在武场之前出来表演，用的是常行点。常行点由镲铬开，单点，跟鼓开武场一样，打四下。变成双点的时候，钹、铙等演奏者已经站好了，准备打套子。打套子的时候用的是常行点，节奏比较慢，茶炊子可以表演。上擂的时候节奏快，就不能表演了。龙挑、凤挑、九狮图、花卉这四挑都有固定的人挑，陶金禄、杨星伟、翟宝贵和杨永民，这几位挑得比较好。现在会里有七八个人能挑，人是不少，但是有时候不见得能出得来，普遍岁数也不小。这些挑茶炊子的人也有几个会武场的东西，但是比起专门武场的人来还是差点。会里的张子明师傅是敲铛子的，没有人挑挑子的时候，他就得去挑。虽然没怎么正式练过挑茶炊子，但以前都是农民，也都练出来了。有句话是，挑挑儿的得有肩膀头。肩膀头练出来了，挑挑儿就好挑了。

二、曲套

杨家庄永音法鼓的曲套演奏有相对固定的形式，一般是：前奏→连接段→曲牌→连接段……→尾奏。其中演奏的曲牌根据情况可多可少，一般都有固定的打法套路，如一品、二品、首品、满堂、单套、双套、前三套、后三套、咬五套等，在曲套和曲套之间转换的时候有连接段，在开始的时候有前奏，在结尾的时候有尾奏。

1.六套曲牌

杨家庄永音法鼓有六套曲牌，曲牌也称套子。第一套曲牌《富贵图》，第二套《阴阳鱼》，第三套《对联》，第四套《四时如意》，第五套《八卦图》，第六套《绣球》。

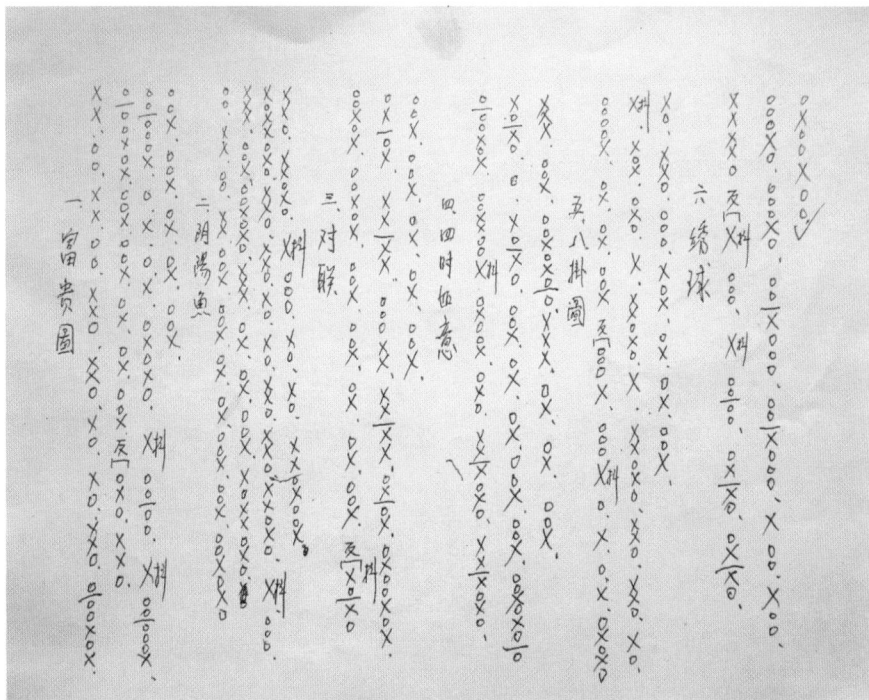

　　每一套曲牌都有曲谱。法鼓的曲谱符号书写方式比较特别，靠口传身授流传，没有固定的记谱标准。所以，要弄清楚法鼓与法器的记谱法、念法、符号标记和书写法。法鼓会员学法鼓，第一要学的就是念这些套子。只有会念这些套子，才能听懂法鼓。杨家庄永音法鼓的曲谱有三个符号，一个是"×"，一个是"O"，一个是"一"。"×"代表钹敲，"O"代表铙敲，"一"有老者说是代表镲铬敲，也有的说什么乐器也不代表，只是表示一个拍节或隔断。每一个曲牌的曲谱里还会有"抖"和"反"字。"抖"表示在钹敲那个音的同时有抖钹的动作。"反"表示演奏完该曲牌后再敲一遍从"反"开始的曲谱。镲铬很关键，板不能乱，它离不开"×""O"这俩音。鼓点有明显的顿点（翘音），是为了好听。"一"是个拍节，这个地方是不是镲铬正好敲到那个地方，还不见得，也是一个喘气的地方。自古以来，法鼓会的老师傅教的时候就说"一"是镲铬的点。

符号	演奏乐器	念法	备 注
×	钹	Qia（恰）	代表阴
0	铙	Ze（仄）	代表阳
一	镲铬	Yi（一）	代表隔断（有艺人说不代表镲铬）

　　杨家庄法鼓的记谱方式主要是以钹、铙两种表演乐器的音节和拍节符号为主，但是"演奏者大多只记形声字的念法，而根本不管它的拍节如何标记，所以与民间流传的工尺谱一样，如果背不下来所演奏的曲牌，即使看着谱子也无法演奏"。[1]所以，如果不是法鼓会里的人，就可能根本看不懂谱子，或者看着谱子也不会敲。

　　看一套曲牌第一个符号，如果是"×"，就是钹开。如果是"O"，就是铙开。所谓"开"，就是在演奏的时候，其他的钹、铙都不动，就头钹或头铙先敲，根据开的点一敲，其他乐器就知道敲的是哪套曲牌，

　　1.郭中萍：《法鼓艺术初探》，天津：百花文艺出版社，1991年，第19页。

然后其他的钹、铙再跟着敲这套曲牌。如果是"×"，头钹就敲一下，如果是"××"，头钹就敲两下。如果是"O"，头铙就敲一下，如果是"OO"，头铙就敲两下。

演奏过程中，会将几个曲牌进行组合，形成一个演奏形式和套路。在进行表演的时候，具体表演哪些曲牌要视表演时间和场合而定，一般由会头决定。通常有以下几种敲法：

首品，指上播。上播，是一个单独的打法，也是永音法鼓里节奏最快、动作最多的表演，是演奏的最高潮。动作迅速，鼓点绵密，情绪激烈。一般是在行会时，遇到有人截会，为了节省时间，就只表演最精彩激烈的上播。

一品，指打六套曲牌，在每套曲牌中的过渡要咬五套，咬五套之前需要敲常行点、转套子点这些连接段。一品开始敲的时候，先敲前奏（哨鼓、开四钹），然后敲曲牌《富贵图》，接着是敲常行点、转套子点，然后咬钹；咬钹后再敲常行点、转套子点，敲《阴阳鱼》，然后敲常行点、转套子点，然后咬铙；咬铙后再敲常行点、转套子点，敲《对联》，然后敲常行点、转套子点，然后咬镲铬；咬镲铬后再敲常行点、转套子点，敲《四时如意》，然后敲常行点、转套子点，然后咬铛子；咬铛子后再敲常行点、转套子点，敲《八卦图》，然后敲常行点、转套子点，然后咬鼓；咬鼓后再敲常行点、转套子点，敲《绣球》，再敲常行点然后上播。

二品，和一品大体相同，只是不要中间过渡段的常行点和转套子点。

满堂，指按照顺序打六套曲牌，最后上播。

单套，指《绣球》和上播。

双套，指《对联》《绣球》和上播。

前三套，指《富贵图》《阴阳鱼》《对联》和上播。

后三套，指《四时如意》《八卦图》《绣球》和上擂。

这六套曲牌，每套曲牌都有自己的音乐审美特色。

《富贵图》，听起来非常大气，不像《对联》《绣球》一样咬得那么紧，中间有断、有连。

《阴阳鱼》，同别的套子区别很大，是由头铙开，除了《阴阳鱼》《对联》《四时如意》《八卦图》，其他的套子均为钹开，所谓前阳后阴。头铙开之后，鼓才能敲，头铙开敲的时候演奏者要从所站的队列中迈出半步，并将胳膊举起，给其他四种乐器一种很明显的提示，示意其他人马上就要开敲。本套最精彩的部分是在铙、钹转换之时，虽然完成由阳到阴的转换，但是却结合得十分巧妙。

《对联》，在法鼓会中十分普遍，无论西头法鼓会或者东头法鼓会中都有此曲套，但杨家庄永音法鼓老会自身的特点却十分突出。顾名思义，在本会的《对联》套子中，各种乐器配合得十分紧凑，犹如法门中的辩论和对答。

《四时如意》，这个套子十分有意思，是六个里面最短的一套，最没有反复的一套，却是最难敲的一套。因为它不是按照法鼓会的对答形式，不是"×"、"O"咬着敲，里面时而会有单点，俗称为"一"，打的时候要注意把"一"的节拍空出来。这个曲牌里好多疙瘩点（格楞点），意思是音打出来有点翘，赶那个板的时候翘。曲牌里最难敲的就是《四时如意》和《八卦图》。第一是它咬得特别翘。比如"×O一×OO"。另外一个，后三套不经常打。现在一敲，经常是单套，要不就是双套。很少打后三套，打前三套的多。

《八卦图》，这个套子基本把法鼓会的钹、铙全部调动了起来，是最体现钹、铙水平的套子。中间有一个连着敲四个"O"的地方容易出错，会员们形容说此处好像是到了八卦里最绕的地方。

《绣球》，顾名思义，敲起来比较快，像球在急速滚动。绣球中体现佛门之音的味道少，主要是体现了民族民间的特色，反映出的是一种欢悦的情感。在六个曲套中，只有《阴阳鱼》和《绣球》在收尾时是瞬间声音戛然而止，干练且有韵味。由这个套子转上擂，可以说，无论从衔接上和气氛上都是恰到好处。原来会中老鼓手李玉义，其最擅长的套子就是《绣球》，可以将单点敲成双点，更加紧凑、激烈。

杨家庄法鼓的六套曲牌有独特的审美。这些曲套里蕴含的是法门之声、佛门之声，《对联》《阴阳鱼》《四时如意》里都有阴阳辩答的含义，好像两个人在对话，有问有答，其中有"×"有"O"，"O"是阳，"×"是阴，阴阳相对。其中有空点"一"，"一"是隔断，什么时候隔断，隔断在头里还是在后面，这要取决于法鼓会的音律。在鼓的下面有四个鼓凳子，上面有用小篆写的"如辩如答、如诉如泣"。这种审美和文化内涵只有在敲一品、二品、满堂的时候才能体现得充分，因为速度比较慢，只有慢了才能品味出其中的内涵。慢了可以体现出基本功，会耍的不一定会敲，敲错了一点儿都不行。

武场开始敲的时候，一般先敲套子。打个双套，或者打个单套。怎么开始，由会长通知。会长需要告诉打鼓的要打哪套，他一般用手一比划打鼓佬就知道打哪套。如果会长竖起食指和中指，就意味着打双套。只竖起食指就是打个单套。竖起食指、中指和无名指，就是打前三套。竖起中指、无名指和小指，是指打后三套。握起拳头，是打全套。就这么几个手势，打鼓佬就能清楚地知道该打什么。一般出会的时候需要打哪套，会长得根据场上的情况做出决定。该会去韩国参加表演的时候，因为是出国，想叫外国人都知道中国天津有这样一种艺术表演形式，大家一致决定打二品。这样就能把会里的声音、鼓点都打出去。

2. 连接段

连接段，也被称为转套子的过门。就像京剧里的过门一样。但在法鼓会里很少提过门，实际上有过门，只是谱子里头没有，因此需要耳濡目染记住转套子的点。连接段，就是连接套子和套子之间的点（乐段），有承前启后的作用。一般包括：常行点、转套子点、咬五套。连接段在整个演奏过程中重复较多，也比较容易演奏。

常行点，也叫常板点。一般在行会中会敲常行点的单点。常行点有几种：行会中的常行点、敲套子中的常行点和上擂前的常行点。常行点的节奏比较简单，无论演奏多长时间，只要重复一个常行点就可以。行会时候要敲常行点，"嘟噜儿楞噔噔噔嘟噜儿楞噔噔噔嘟噜儿楞噔噔噔嘟噜儿楞噔齐哒噔"，主要是尽量保持匀速，不快不慢，敲的时候要注意挑茶炊子人的节奏。理论上应该是挑茶炊子的人要注意鼓的节奏，跟着鼓来，但是因为挑茶炊子者水平的不同，打鼓佬就要根据他们的节奏来敲鼓，必须要注意的一点是，鼓和茶炊子的节奏一定要一致。在敲套子之间和上擂前的点，也可以统称为常行点。常行点可以单点敲也可以双点敲，可以单手敲也可以双手敲，节奏和鼓点是一定的，打鼓者根据现场的情况，决定敲常行点的时间，可以敲一个轮番或者几个轮番，时间由他来定。比如说，上擂时的常行点是"嘟儿隆嘟儿隆嘟儿隆咚"，"嘟儿隆嘟儿隆嘟儿隆咚"。要上擂了，他敲完了一个轮番的常行点，发现有人钹还没网好，他可以再敲一番常行点等一下，看大家准备好了，他开始敲"叫三点"，接下来表演上擂。上擂时候的常行点节奏越来越快，越来越紧，要大家感觉越来越激烈。

转套子的点儿也叫改点儿，就是要改曲牌的意思。转套子时，要听鼓的，是点儿重还是点儿轻。到转套子的时候，打鼓的自然就会把鼓点打出来，亮一下。目的是告诉其他演奏者，这是转套子了，提前做好准备。

　　咬五套，就是二品、一品带套子的都不要了，单咬家伙。把其中咬五套单拿出来，套子不打。咬家伙儿，就是单敲一样家伙，不打这些曲牌。所谓的咬，是指一个表演器具敲点，敲完点后，停，这个时候，其他四个表演器具再敲点，也就是五个表演器具分别敲。钹、铙、镲铬、铛子、鼓，一样一样咬。咬家伙儿的前奏曲是，"××O×—O×××O×—O×××O×—O×O×O×O××O×—O×"，这个时候其他家伙都停了。鼓打咬五套的点，"噔噔噔噔一仄恰"就开始了。咬五套没有开钹开铙。咬的时候，点儿是有数儿的，是"五二三一"的顺序。比如咬钹，就是钹敲，其他四个表演器具停，等钹停的时候，其他四个表演器具再同时敲。敲的点儿是五二三一，咬的点儿也是五二三一，一个点敲两遍。钹敲五下"×××××"的音，然后停，铙、鼓、镲铬、铛子也敲五下"×××××"的音，钹再敲五下，停以后，其他也再敲五下；钹敲二下"××"，停，其他敲二下，钹再敲二下，停后，其他敲二下；然后钹敲三下"×××"，停后，其他也敲三下，钹再敲三下，停后，其他也敲三下；钹敲一下"×"，停，其他敲一下，钹再敲一下，停，其他再敲一下。这样，咬钹就结束了。然后就是"恰儿隆咚一恰恰仄恰"又常行点了，又开始咬。然后再倒回来，咬铙，铙开始起头敲，也是五二三一。再按照同样的方法咬镲铬、铛子和鼓。

　　除去镲铬和鼓咬的点儿不是按数儿走，其他都是按数儿走。一个"×"，铛子敲出来的是"铛铛铛"。打咬五套，节奏比较快一点。要是打一品，敲完第一个套子，再转套子，再转过一品，节奏就相当慢，等于是有个铺垫，一点点地达到上播的高潮，慢慢快起来了。一品、二品里都有咬五套，根据出会的时间，决定敲什么。

　　至于为什么咬五套是这样一个顺序，老艺人们表示也不清楚其中的道理。咬五套可以单独表演，而在表演一品和二品的演奏中就要作为连接段出现。要把咬五套单独拿出来敲是因为时间关系，武场表演时间有限，一般选择打个单套和上擂。打个上擂，时间4分钟多一点。单套加上擂，一共八分钟多一点。打得既轻松，又是经典的地方，高潮也能悠起来。时间再长点，打个双套。打双套这个时间，文场得挑起来。

3. 前奏与尾奏

杨家庄永音法鼓演奏的时候，一般都会有前奏和尾奏，这是固定的敲法。在敲套子之间有前奏，即先由鼓和钹演奏，然后才是所有乐器的合奏。

敲法鼓时先哨鼓。哨完鼓以后，开是头钹开，要打四下。开钹的时候，演奏者要有个鹿回头的动作，看后头有人没人。这个点跟鼓是一样的，回头，是回头望月，另外看有人没人，别把别人给碰了。这个时候把钹就送过来了，然后再打后头。开完钹后的点，是"嘟儿隆噔噔噔恰"，谁教都是一样。法鼓不懂得点，敲不好；没有节奏，敲不美。开钹的时候要等着音没了，才能打第二下。鼓要等所有的音都落下来了，才能开始敲。头钹打久了和鼓会产生一定的默契，比如说打单套的时候，速度要快一点。打前三套的时候，速度要慢一点。基本上可以说，打套子越多，开钹的时间越慢。一般人们都有一种习惯，打着打着板头就紧起来了，所以说一开始一定要慢一点。打完《富贵图》《阴阳鱼》《对联》《四时如意》《八卦图》，打到《绣球》的时候，板自个儿就上去了。每个曲牌的速度是不一样的，主要就是靠鼓来控制。

在小孩子刚学敲法鼓开家伙敲镲铬的时候，老师傅们会告诉他们，开家伙开九下。所谓开九下，就是一响鼓，开钹四下，就敲镲铬，一下一下地敲，一共敲九下。镲铬九下敲完了之后，"哒、哒"再打两下。一共打11下，最后这两下是慢拍。这是开鼓，开钹的时候镲铬就要先学这个。小孩子学钹前也先学这九下，这是为了给学钹打下坚实的基础。

打九下，就是五种乐器敲击九下，这是法鼓开鼓后的前奏曲谱，九下打完后，才转常行点。钹在打到第九下时，有个单手抖钹的动作，右手钹伸出去，在伸出去的一刹那，左手钹边要碰右手钹边，伸出去的钹一反手要赶快收回来。

尾奏一般指的就是上擂。上擂是整个表演中速度最快最激烈也是最精彩的音乐段落，动作也主要是集中在上擂中。最早人们称上擂为"上力"，就是要用力演奏的意思。还有的称上擂为"上累"，也是说要卖力气演奏的意思。

上擂的时候没有曲谱，都在脑子里头，差一点也不行。这个谱子只是在嘴里念，并没有形成书面的记录。要是教徒弟，师傅只能叫徒弟跟着学点儿，师傅敲什么他敲什么，没别的办法学。学法鼓没有捷径，都必须死记硬背。所有的点记起来都很枯燥，一般是按照扯旗儿、六九钹、叠金钱分着记的。永音法鼓老会也一直在考虑要不要用文字记载下来，可是很难，因为点能记下来，但是其中的速度怎么表达这就难了。在田野调查中，老艺人给我们表演上擂的动作时，嘴里默默念的就是上擂的点。上擂分三个阶段：扯旗儿、六九钹、叠金钱。这三个阶段分别有相应的点儿：

扯旗儿：6个扯旗儿的点儿是"×一×一〇×"、"×一×一〇×"、"×一×一〇×"、"×一×一〇×"、"×一×一〇×"、"×一×一〇×"。卷帘的点儿是"〇×〇×〇〇×〇×〇×"，托天捞月的点儿是"××一×一〇×"。

六九钹："楞噔一×一〇×"、"××××"、"××一×一〇×"、"××一×一〇×"、"××一××××"、"××一××一〇×"、"××一××××"、"××一×一〇×"、"××一×一〇×"、"××一×一〇×（这个最后的×点儿对应的动作是左手甩缨子）"、"×"（右手甩缨子）、"×"（托天的动作）。

"仄经仄"就是叠金钱。仄经仄是俗语。打一开始教，"仄经仄"就是"×〇×"，这是钹的点儿，铙的点是"〇〇〇"。上擂第三次高潮的点儿为"仄经仄，其咕隆咚；仄经仄，其咕隆咚"。这个"仄经仄"既是个鼓点，也是个动作和姿势。师傅教上擂的时候就是这么口传身授的，这些点儿必须牢牢记住，否则在敲法鼓的时候非常容易出错。

一般的法鼓上擂的时候以鼓为首，都得听鼓的。但是鼓听谁的？得听全场的。所谓听全场的，就是有人正在网钹，他的鼓点就不上去。因为他站得高，他得拿眼扫着。他一看，钹也网好了，铙也网好了。他的鼓点就往中间凑了，往中间凑鼓音就正了，就硬上来了。其他演奏者一听这个鼓点，就知道要上擂了。

上擂扯旗儿之后，六九钹之前，有"叫三点"。叫三点，是叫三下。其点儿为"嘟儿隆咚噔"，"嘟儿隆咚噔"，"嘟儿隆咚噔"。鼓音非常响亮、干脆，打得有些俏皮。

整个上擂结束后，还有"收点"，"×个×〇×〇××一×一〇×"。

法鼓会里强调干什么都必须得精，会员吴强既会打鼓，也会打钹、铙，他的钱包里总是会随身带着套子，害怕有时候记不住。要出会了，就提前拿出套子来捋捋（熟悉）。他现在一般敲头钹，头钹如果打乱了，那就全乱了。所以他常说的就是："'干嘛吃喝嘛'，既然学了这个东西了，就得玩儿精了。不玩儿精了，起码还得玩儿好了。不能瞎就和，都瞎就和，谁打头钹去。尤其是打鼓佬，更是不能错一点儿，一错全错。有时候打钹的可以错一点，甚至网网钹，打铙的人也可以错一点，不影响大局，但鼓不能错一点。"

三、动作

　　杨家庄永音法鼓是半文半武的武法鼓，由文场和武场两部分组成。

　　文场就是前面的执事。文场的舞蹈动作主要是体现在挑茶炊子上，挑茶炊子有技巧。步子，是这个脚尖到这个脚后跟，再从这个脚尖到那个脚后跟，走的是套步。走起来时，不扶着挑子，右手插腰，左手拿掸子。耍起来，这俩挑得让它上下颤，不但上下颤，那个挑子，一个角一个穗子，有红穗子、黄穗子，还得叫穗子也要甩起来，才算挑得好。就这么一种动作，设摆的时候，要围着场地转圈，或者左右穿插着走"8"字。行会的时候，就挑着挑子一直朝前走。以前还有替肩的人，如果挑挑人累了，立马就会有别的人替换。挑茶炊子最难的动作，就是换肩儿，要手不扶挑子，能从左肩换到右肩。现在会里已经没有人敢做这个动作了，一是害怕换肩换不好，摔了会里的东西，二是现在已经没有这个肩膀头了。

　　武场俗称"家什场"，主要是各种打击乐按一定的曲谱演奏。鼓、钹、铙、镲铬、铛子等乐器，在伴奏中，上下翻飞，左右开弓，缠头裹脑，海底捞月。节奏徐缓渐进，跌宕起伏，情绪激昂，气势暴烈。既有阳刚之美，又有娇柔之态，声情并茂，

挑茶炊子时要把绳子系得很牢固

缠钹缨子动作一：钹面向下，手心向下，虎口夹住钹缨子的2/3处，钹缨子夹在无名指和中指间

缠钹缨子动作二：由里向下绕一圈再将手心翻成向上

铙缨子从虎口处通过，缠好铙缨子后捧铙的姿势

和谐自然。铙的舞姿有：扯旗儿、卷帘儿、跨鼓、叠金钱等。铙的舞姿有捞月叠花、左右开弓、缠头裹脑等。武场中的动作主要集中在上擂中。

1. 上擂的动作

上擂有三个高潮，铙的动作比较多。

第一个高潮叫"扯旗儿"，包括六个扯旗儿、六个卷帘儿和捞月。首先要打六个"扯旗儿"，一边打三个。之所以叫扯旗儿，是指一个铙缨子举到高点，另一个很快地平行着甩出去，这个铙缨子和那个铙缨子，形成个三角旗儿似的形状。扯旗儿这个动作必须从后边过来，不能从脑门儿前过来，一是动作不好看，一看跟没工夫似的；再一个，容易磕着头面。接下来要打一个"托天"，跟着一个"捞月"。这个动作要特别注意的是，打完托天要打捞月的时候要从耳朵边上开始，一乍膀子，一猫腰，接着就得抱上来，要这个捞月姿势。第一个高潮结束后有

钹的动作：扯旗儿

铙的动作：叠金钱

钹的动作：左跨鼓

钹的动作：右跨鼓

钹的动作：单抖钹

钹的动作：双抖钹

钹的动作：卷帘儿

钹的动作：托天

钹的动作：捞月

一个反点，在这次高潮和第二次高潮之间就是敲"O一×一O×"。这是一个换息阶段，就像顿点一样，有个非常短暂的调整机会，打完以后谁钹缨子缠得松紧不合适，趁这个时间就赶紧改。因为飞钹的时候，网钹缨子，网得好了绷得紧，打得自如，腕子也方便。有的时候，网得挺紧，可耍了一会儿松了或者哪儿不得劲，就要赶快再网一下。这个时候的点就是"O一×一O×"。抱一下钹，有点力气也就是抖一下钹缨子。然后就准备第二个高潮，"叫三点"后赶紧鹿回头打第二个高潮。

铙的动作：缠头裹脑

第二个高潮是"六九钹",也叫卷帘儿。六九钹包括四次卷帘儿,最后有两个甩旗,甩旗和扯旗儿不一样,是在耳朵边上甩缨子。这个高潮的动作要领是,钹得悠出去,这个时候一定要注意周围的小孩子和围观者,别伤了别人。在训练的时候也一定得回头,一方面是看看后面有没有人,另一方面也是为了动作好看,鹿回头似的,四五个人一起回头,老远那么一看,倍儿漂亮。但到底为什么叫"六九钹",老艺人们表示至今也没解开其中的奥妙。

第三次上擂的高潮是"叠金钱",包括叠金钱、左右跨鼓、卷帘儿。叠金钱的动作是,左手钹托天,右手钹跟着搂似的过来,到左手钹。左

铙的动作:盘花

手钹就反过来了，右手钹在额前反过来，到原来的地方。然后左手钹再重复刚才右手钹的动作。然后俩钹一个钹心朝内，一个钹心朝外（阴阳相扣）叠在一起。人在外边看，是俩圆儿，像俩金钱儿在一块儿摞着。叠金钱的动作叠三次。叠金钱动作做完了以后，要有打跨鼓的动作，要打六个。先朝左扭身，钹上下敲击，再向右扭身，钹上下敲击，腿部要骑马蹲裆式。一般左右各打三个。到最后收尾的时候动作叫卷帘儿。后面打钹的，无论是头钹还是二钹、三钹都要往前悠。在这个时候头钹有一个和别的钹不一样的动作，就是在最后结束的时候要加一个抖钹的动作。

铙在上播时候的动作也分成三个高潮。

铙的动作：六九钹

在第一个高潮的时候，最后有一个"捞月"的动作，这个动作挺快，但是要和钹同时进行。虽然都叫"捞月"，但是和钹的动作还是不一样的。在钹悠出去的同时，铙有个缠铙的动作。在打钹的下蹲的时候，铙上下来一个捞月，就像海底捞月一样。两个铙，阴阳似的，一个一直砸到底，上下打三次。

第二个高潮的时候，铙要有三个"盘花捞月"的动作，这三个动作是一样的。

第三个高潮的时候动作最多，铙的动作都在叠金

铙的动作：捞月

钱这儿。跟着钹的三个叠金钱，铙要打三个花、俩花、两个缠头。完事儿再打俩花、两个缠头、一个捞月。捞月的时候一个铙心朝上，另一个铙心也朝上，在下边等着。捞月后又是一个缠头。完事儿又俩花就结束了。缠头完了以后打金花。铙的动作和钹的动作，演奏时间是一样的。

上擂三次高潮结束后，最后的住点就得听鼓的了。收的时候头钹有动作，但头铙没有动作。头钹比其他钹先收一下，有个单抖的动作，其他钹该怎么打还怎么打。什么时候开始头钹单抖，要听鼓点的。头钹提前收，是因为一会儿还有个开钹的动作，他要开一下，主要是打收点，

重新开场。

之所以要重新开场，是考虑到上擂结束的时候太激烈，太突然，所以，要重新开个曲牌作为结束；但不全是这样，有时候就直接上擂结束。表演最终结束的时候，表演者要把自己手中的表演器具高高举过头顶，以示谢意。这是法鼓会的规矩。

2.鼓的基本动作

鼓一般放在鼓箱子中，打鼓佬用鼓槌敲击鼓。

鼓点有单点和双点之分，所谓的双点，是指打两个单点的点数。双点不是指打两下，是说能打出两倍点来，平常简称双点。鼓要打出嘟噜声，得腕子使劲儿。

敲鼓中间的部分称为敲"阳鼓"，敲两边的部分称为敲"阴鼓"。"O"敲的是中间，是铙的点儿，声音大。"×"敲的是边鼓，是钹的点儿，得打俩嘟噜。钹和铙是阴阳相合，互相辩答的意思。敲"一"的时候非常关键，要注意得刻意地让出来。像打《四时如意》转弯的时候，打鼓

杨奎有老师演示双槌鼓的敲法

佬就会把手抡一下，为的就是空出来这个"一"。

所有的乐器都要听鼓的，鼓打"OO"的时候，打的是中鼓，打"××"的时候，打的是边鼓。有的时候打"OO"的时候，鼓不打，空出来，但是"××"必须得打上。在一起时间长了，人们都听熟了，很自然就知道他打的是哪一套。鼓无论打多少下，那下重音都要落在"×"上，有时候镲铙也要落在"×"上。永音法鼓的六套曲谱同时也是鼓的曲谱。不是会里的人看着这个曲谱，打不了，只能知道家伙点儿在哪儿。其他四种演奏乐器必须都得听着鼓走。

鼓的基本打法和动作有单槌击鼓、双槌击鼓、交替击鼓、刹鼓。

单槌击鼓：用一个鼓槌击鼓，尤其是在哨鼓的开始用单槌儿击鼓。

双槌击鼓：用两个鼓槌击鼓。

交替击鼓：单槌击鼓和双槌击鼓交替进行。

刹鼓：把鼓的声音刹下来，鼓音由强渐弱、由快渐慢。

阴鼓：也是说把鼓的声音刹下来。两只鼓槌在鼓边不停地敲击，声音越来越低。

3. 钹的基本动作

抱钹：抱钹是基本位，双手抱钹，钹心朝胸，站得笔直，该敲什么点敲什么点，敲完点后就回到抱钹的姿势。

开钹：开钹由头钹开，头钹开的时候，左脚迈出去一步，缨子甩起来。一般开四下。

收钹：收钹由头钹收，法鼓都耍完的时候，头钹要提前收一下，动作是单抖钹，即单腕子抖钹，右手把钹甩出去，左手钹边碰右手钹边。

网钹：拿钹的基本手势，叫网钹。钹缨子夹在中指和无名指中间，夹的位置根据手的大小。手小的，留短点。手大的，留长点。往里转，转一圈儿，然后拿住钹，两只钹都这样拿。网钹得把白色小辫儿缠紧了。

抖钹：打套子的时候钹也有动作，不过这个动作小得多，就跟大鹏展翅似的。打套子的时候有个抖钹的动作，分单手抖钹和双手抖钹两种。抖钹的时候，呈骑马蹲裆式。两只钹悠出来，然后伸出去，要碰，这是一个点。两只钹一碰一打滚儿，抖起来。俩钹缨子就立起来。敲完套子了，有个单手抖钹。开完钹，有个单手抖钹，一般是右手抖，左手不用抖。抖钹的时候，必须把钹翻一下，这是个动作，也是个点。必须得响，不响不行。翻的时候，是右手的上左边儿钹碰左手的下左边儿钹。翻钹的时候，一磕（碰），磕不好的话，容易打手。打套子和套子结束的时候，都得有这个动作。打套子收点的时候，也要打这个动作。打套子中间没有单抖的，都是双抖。《富贵图》里有四次抖钹，《绣球》里有两次抖钹，每个曲牌里都有抖钹。

学钹的基本功就是会头教上撺，扯旗儿、卷帘儿这些动作。师傅把动作演示给会员看，再让会员练，掰手和胳膊让动作到位。天天学，天天熏，师傅先教，然后自己领悟。敲套子，主要是靠自个儿背。学钹当中要注意别碰着、磕着，钹边特别厉害，划着就是一口子。都得碰边儿，不碰的话，手反不过来，也不能出音。练的时候，手总破，因为不知道会磕到哪儿。围着脑袋转倒不容易磕，因为是用手背护着脑袋。卷帘儿还有扯旗儿的时候，手往一边走，另一只手从脑袋后面过来，就容易碰着。学钹学拍手的时候，师傅会嘱咐，要用手背围着脑袋转，就是为了拿钹的时候别碰着。打练的那一天起就开始注意安全问题，会里有好几个都磕着过脑袋。

敲钹和铙，就怕闷。钹不管打多响，只要别闷钹，就行。如果不使巧劲，一碰一闷，钹、铙容易坏。

4. 铙的基本动作

铙的拿法，首先是把皮条套在中指上，声音高的铙拿在左手，声音低的铙拿在右手。因为左手拿铙上去的时候，就得亮出高音。而且这个亮出的铙必须得转，也叫转铙。玩铙，左手必须得会转铙，不会转不行。另外右手必须得会翻腕儿，这样好看。转铙和翻腕儿，这是铙最基本的打法。转铙是敲法鼓时的一个习惯动作，而且铙没有缨子，时间长了手就会僵硬，所以，时常转铙就可以让手轻松一些。敲平点的时候打法是"O×O×OO×"，敲的时候要蹭着铙的边儿，才会有这个音。

捧铙：在没开铙之前，拿铙的动作，叫捧铙，不能随随便便地一耷拉，得捧起来。这个动作不能太小了，太小不好看，太大了也不行，尺度得掌握好。打一下，左手就得转一下。转一下的作用一个是好看，再一个就是音不散。因为法鼓是个和弦似的东西，需要打出来的音尽量又匀又不散还好听。

铙的边叫线边儿。铙的这个盖顶必须是阴阳面的，就是说两只手必须是相对的，一个阴面，一个阳面。镜面向下，两线边相挨着，是一个过来，再一个过来，不是一块儿过来的。两种方式，最好就是阴阳一块儿过来。所谓相交，就是这样，头一个铙出来快点，后边的铙紧跟着。要不然容易出事儿。那个线边儿很快，很锋利，受伤是经常的事儿。田野调查中，杨益臣师傅在演练动作的时候，就被线边磕了一下。要总不练，就容易受伤。冬天比较容易受伤，夏天好点。

上播的时候，点更多。因为得密切跟鼓点一块儿走。上播打平点打铙的点是个功夫，"嘟儿楞登恰""嘟儿楞登登登"。在演奏的时候，钹和铙差一点都不行，必须得咬住，咬不住就乱。

打铙的基本功，就是念鼓。没事儿，听鼓音。把鼓念熟了，有个好处，上播的时候，多快，点不会错，动作不会错。该飞就飞，该停就停，练到这种程度，就自如、好看了。铙的动作好练，比起来，得五比一：学一年铙，动作没问题，要是动作熟了，点熟了，得五年。五种乐器要打出来不乱，优雅，就得不能出差错。转铙也是个基本功，平行点的打法也是基本功，因为打哪套都离不开它。

在《对联》里，铙有一个改革，就是有一个点，"××一××"，光是钹的音，没有铙的音。于是就在这个点上给铙加了动作，底下一个花，中间一个花，上面一个花，这是老会长杨惠友加的。铙在套子里基本上就是加这一个动作，没有其他的动作。

5.铛子的打法

铛子的打法是左手拿铛架子的下端，右手拿着铛槌子，敲击铛子的中心，一下一下地敲。

敲铛子有缓有急。敲铛子分常行点、转套子点和上擂点。铛子敲常行点，就是一下一下地敲。敲转套子点的时候，有个三下，"铛铛铛铛铛、铛铛铛铛铛、铛铛铛铛铛"。

敲铛子复杂主要是在上擂上。他要用单槌子打出鼓点来。铛子一直

铛子的敲法

敲中间，六九钹的时候有个敲边，敲边的时候有点儿变音。到叠金钱，也是一个点儿下来，总是离不开打鼓的点，鼓打什么点，铛子打什么点。铛子的重音和鼓的重音是落在一起的，鼓快铛子也得快。第一个高潮的点儿敲的和第二个高潮不一样，扯旗儿后就是这个点。六九钹以后还有个点，这就是最后的高潮。要钹要铙的歇会儿，就该着铛子耍了。

铛子平常敲点是在眼前敲。一上擂了，鼓点一叫上去，八把铛子同时举起来，必须举过头顶。

铛子保着鼓，保着全场。尤其是扯旗儿过去以后，打鼓的有个刹鼓，把鼓声音刹下来。刚一刹下来，就听铛子的。铛子的声音得叫起来，而且这个时候钹、铙声音都不要太大，声音大了，容易把拍节打乱了。就听铛子的，然后听镲铬的，镲铬得把板头把正了。镲铬得把板砸住以后，鼓再一起来，就没有铛子的事儿了。铛子的节拍不变，但是不用叫那么大音了，不用那么玩命儿敲了。因为钹也网完了，铙也盯住架了，声音都起来后，就等着第二个高潮了。叫三点完了，还得听铛子的。

6.镲铬的打法

在法鼓中，镲铬的打法最简单，主要是拍节要打准。一开钹，鼓开始打，镲铬就开始了，一直贯穿到结束。镲铬从头到尾不受任何乐器的干扰，但是要知道打的是哪套曲谱。要时刻注意，鼓什么时候变音了，速度和节奏加快了，打镲铬的胳膊就不能甩下来了。鼓要起板，要上擂了，鼓点就得紧上去，打镲铬的就不能和原来一样的节奏，那就离了整体的板头了。虽然还是匀速，但是板头明显得变快了。任何时刻都要听鼓的节奏，有时候镲铬要把着鼓的节奏走。有时候会出现压板的情况，鼓、钹、铙、铛子的点儿都上去了，镲铬还是原来的节奏，就慢了，会影响整体的节奏，就是压板。要是镲铬打快了，也不行。打镲铬的要压着后音儿打，一个是注意保持不乱，一个是一定要压住整体的节奏。

镲铬的打法

　　如果镲铬老压着板走，一直是开始的节奏，就飞不了，升不起来气势。鼓在快上擂的时候，越来越快，一到硬点，板得跟上鼓，不能慢，但也不能抢。板头要让打鼓的人舒服，不至于打得太激烈。如果板头落稳了，打铙子的人腕子很灵活，铙子抖起来特别舒服，而且还能打出来那个点。不乱板，一场飞钹、飞铙就会很整齐。有的时候打钹的容易快，跟着溜儿走。有的人板头不好就会快着走，随大溜儿往前走，心里没有板，没有根，光瞎飞钹了。头钹得会听板，知道鼓的板在哪儿，镲铬的板在哪儿。板头不乱，听起来特别好听。鼓打慢了不行，镲铬打的拍节把鼓挤上去了也不行。铙子就跟不上溜儿了。跟不上，就乱了。配合起来，得圆润。让观众听着得完整，舒服。所以会员经常要聚在一块儿练习，是为了起码把耳音方面拢齐了。

四、绝活儿和艺术特色

永音法鼓的绝活首先是鼓。一个是能打双点，能打出嘟噜声。一个是起伏高潮看得出来，听得见。别的法鼓打这个点，不知不觉上播了，上播也没有特别突然的高潮。

钹、铙也都有绝活。钹的绝活，一个是抖钹抖得好。钹一抖出来，俩缨子一立起来，立马就得收回来。一般的钹，钹心只有在托天的时候才能露在外边。还有打扯旗儿、卷帘儿，需要身段好、体力好。架势也大，打得也翘。钹打完滚儿，一撩的时候钹缨子得上去，扯旗儿的动作属于蹲的时候是正的，可一拉出来的时候，身子是倾斜的。虽然是骑马蹲裆似的站着，但像拉弓似的，两边有它的身段。

咬五套也是永音法鼓的绝活。

杨家庄永音法鼓的一大艺术特色，就是"杨庄子法鼓会坐着敲"。法鼓，打的时间长，就不能光站着，得坐着敲，别的会没有坐敲。坐敲有坐敲的打法。打一品得一个小时零十分，打二品的话，也得接近一个小时。坐敲而不耍，耍的时候，后面有人会把凳子撤了，站着耍。过去的凳子是三条腿的圆凳，现在已经没有这种圆凳了，坐敲都坐平常坐的凳子。不像过去那么讲究。坐敲难在它有它的姿势。坐敲和站敲不一样，站敲可以把家伙什甩起来；坐敲，不能甩，只能往腿上撂。抖钹的时候出去，回来以后撂在腿上。坐敲钹心可以亮出来；站敲不行，钹心得搂着。行会的时候没有坐敲，固定表演的时候累了，可以坐着敲。以前杨庄子法鼓出会都要扛凳子，就是为了坐着敲。现在出会的时候时间不允许，只给几分钟的演奏时间，也就没有必要坐敲了。

打鼓佬杨奎有师傅说："法鼓会申报非物质文化遗产的时候被划分为民间舞蹈，其实我个人觉得其中的音乐内容是十分重要的。但是要作为民俗性强的，想要老百姓喜欢看，必须得有动作。'杨庄子法鼓会坐着敲'，这是一直以来流传下来的一句话，我觉得我们还是应该提倡大家有更多的时间，坐下来，把灯彩点上，平心静气地来听敲套子。把套子里蕴含的法门之声、佛门之声都敲出来。"

杨家庄法鼓有武术的架势和底子。会员演奏时，站立都是武术的姿势，像扎马步，基本是骑马蹲裆的姿势，太八字脚不好看，能做动作就行。每个人的身架不一样，有的人就比较舒展，有的人比较伸不开，最好就是20来岁的小伙子，拍节跟得上，一下子站一溜，长胳膊长腿，那打起来漂亮极了。

杨家庄永音法鼓既有宗教性也有民间性。因为法鼓来自于法门，是佛教和民间音乐舞蹈的结合。比如上播时的叠金钱的动作据说就和佛教的接法印的手势有关。但从佛教里出来传到民间，就有了民间的底蕴。

永音法鼓的鼓也很有特色。鼓点有硬的时候，有激烈高潮的时候，但也有绵、绕、细腻的时候。但不管怎么敲，拍节都不能乱。鼓有的时候打着打着声音越来越小，最后感觉没有音了。这是打鼓佬成心地要刹下来这个音儿。把鼓点高潮带起来以后，他自个儿要往下刹。尽管刹下来，但是拍节不断、不乱。其他的乐器，都跟着鼓点慢慢敲。鼓慢慢声音又起来了，板头也有了，后来又绵下来了。它那个音调也是高高低低。赶到低的时候，一打六九钹的时候，又激烈了，声音又上来了。一般其他的法鼓会打不出一会儿绵一会儿激烈的音。打鼓佬杨奎有说，他只要一握鼓槌就有个责任感，因为只要鼓一错，整个法鼓会就会乱。永音法鼓会的鼓犍子在所有的法鼓会中是最小的，短、细、小，这就要求手腕子要有力量，还要灵活。

永音法鼓的曲套也有特色。六套曲牌都是喜庆吉祥的，没有一点儿哀性；注重阴阳相对、互辩互答，节奏由慢到快，娓娓道来，有绵柔有激烈，有细腻有粗犷，有大雅有大俗。

第四章

器具与遗存

一、设摆器具

　　杨家庄永音法鼓出会形式分行会和设摆，行会和设摆时的顺序有所不同。设摆时文场的设摆器具分别如下：

　　鼓箱子。盛鼓之用，椴木做的，鼓箱子的四条腿做成弓形，线条显得美，并且很有分量感，有力且结实。鼓箱子上面插着围子，为木雕花纹，主要雕刻的是八仙庆寿的图案，还有鲜果、佛手等吉祥图案。鼓箱子有四个角，每个角上面都是一个吐着红舌头的兽头，下面是兽脚。这

鼓箱子

鼓箱子细节一：鼓围子上的图案八仙庆寿

鼓箱子细节二：被称为"年"的兽

个兽头据会头讲就是叫做"年"的怪兽。鼓箱子四面的字是由原来华北地区书法协会的主席写的。他原来是杨庄子上的人，会头杨奎举找到他，让他给题的字，写的是篆体，三字成句。现在用的这个鼓箱子是1981年初永音法鼓恢复的时候制的，原来的鼓围子是花鸟，现在的鼓围子是八仙庆寿，原来的鼓腿儿是直的，现在的是弓的。之所以做成弓形，是根据老虎的后腿儿是弯的不是直的，因而显得特别好看来的。之所以要把围子装到鼓箱子上面，是因为法鼓讲究不露出鼓面和鼓槌子。被人看到鼓面，就不雅致，显得不精巧。有一次，杨庄子法鼓参加天津妈祖节，有个台湾同胞要出50万买该会的鼓箱子。会长杨奎举说："你给我多少钱我都不卖。鼓箱子没了，会里的东西没了，会就没了。"

门旗前导开路

纛旗殿后，悬挂在鼓箱子之后

门旗。是两面三角形的大旗，白底蓝边，上面写有"杨家庄永音法鼓"，一般为一对两面，尺寸较大。两个门旗之间有横幅，在某些重要仪式时才在横幅上写字，如妈祖祭典之类的活动，平时不常用横幅。

大纛旗。又名会旗、督旗。黄色的布做的，为长方形，后面有旗杆，设摆的时候插着，放在整个设摆场地的最后面，即鼓的后面，行会的时候由会员举着也在队伍的最后面。这是会里最大的旗，用途如帅将领军打仗时的帅旗，从远处就能看见这面旗。农业社时期纛旗上面写有"杨家庄农业花鼓会"。现在的纛旗上写着"杨家庄永音法鼓"。会里原来还有纪念建会的会碑以及木制会谱，后被破坏。

软对。一般两个为一对，是用布做的长形对联。软对后面有木杆，设摆的时候将木杆插在墩架上。木杆最顶端是个龙头，龙头上还有红色的绒球。永音法鼓软对上的字是"仪典仗华民间格调，音宏律朗传统风情"。还有一副软对上的字是"永继民艺传四海，音韵舞技扬五洲"。

硬对。一般两个为一对，和软对的尺寸一样，区别在于硬对由木框和玻璃镶嵌而成，四面都有玻璃，一面儿有三块儿玻璃，玻璃里面是用

软对（左）硬对（右），设摆时左右各摆一个软对硬对

布做的长形对联，既朴素又典雅。后面也有木杆，设摆的时候将木杆插在墩架上。木杆最顶端是个龙头，龙头上也有红色的绒球。硬对也有一副对联，上面写着"法音演教礼风，鼓乐颂扬盛世"，每个对的第一个字拿出来，组成"法鼓"二字。

　　灯牌。一般为四个，一边两个；有的时候八个，一边四个。长方形，由木框和玻璃镶制而成。木框为枣红色，雕刻有花鸟图案。灯牌上一面写有会名"永音法鼓"，一面绘有梅、兰、竹、菊的图案。灯牌里面过去放蜡烛，现在已经把插蜡烛的地方改为灯口，晚上设摆的时候在里面放灯泡。"永音法鼓、同云灯牌"，是说永音法鼓用的同云的灯牌。因为同云法鼓会经费困难被迫解散，就把该会使用的灯牌以最低的价格转让给

灯牌，设摆时左右各两个灯牌

高照，设摆时左右各两个高照

永音法鼓会，但条件之一就是永音法鼓会出会时得用同云法鼓会的灯牌，以保持同云法鼓会的名称。永音法鼓里还有两个同云法鼓的箱子。灯牌的意思就是肃静静街，老百姓要避让。这四个灯牌里面有诗词、警句等，如忠字性、孝字性的内容，主要是教人、育人，永音法鼓会本身是具有文化底蕴的一道会。

高照。一般为四个，一边两个。杆高2米左右，杆的顶端是一个狮子头，下面插在墩架上。高照上的灯笼直径大约0.5米。灯笼里过去燃放蜡烛，现在是放灯泡，灯笼上写着会名"永音法鼓"。高照的意思就是灯比较高，可以往下照，照得高。

九图灯（灯图）。灯图是一个木架子上按着顺序放着灯，每个灯上面写着一个字，最后组成该会的名字"杨家庄永音法鼓老会"。杨家庄法鼓的灯图，最顶端是一个灯，写着"杨"字，下一排是两个灯，分别写着"家""庄"，再下一排，一个灯，写着"永"字，下一排是两个灯，分

九图灯，也称灯图

茶炊子四角有灯，晚上灯彩表演时点灯，以前为
角质灯，里面点蜡；现在为玻璃，里面放置灯泡

别写着"音""法"，下一排是一个灯，写着"鼓"，再下面是两个灯，
写着"老""会"，一共九个灯。写着"杨""永""鼓"字的三个灯是在
一条直线上。一般情况，出会的时候不带灯图，设摆时会用到。晚上设
摆时，一般不搁纛旗，只搁灯图。

　　茶炊子。茶炊子上面的四个角分别有四个灯，这四个灯以前是角质
灯，现在是玻璃做的。茶炊子上原来多是刻有三仙图以及佛手、石榴、
葫芦等各种花草的图案。会里现存有六挑茶炊子，分别是龙挑、凤挑、
九狮图、花卉，加上龙筲和竹筲。这是正式的六挑。挑茶炊子的扁担是
用藤子做的，扁担的两头分别是两个龙头，充分体现出龙文化的影响。
据会里的老人介绍，当初的法鼓是给皇上看的，所以茶炊子是从皇宫里
面流传出来的。皇上出游时要带些吃的、喝的、穿的、用的，茶炊子就
是伺候皇上用的。茶炊子上面装着茶壶、茶碗，用来盛茶水。现在，这些

茶炊子之凤挑

茶炊子之龙挑

龙挑细节

凤挑细节

龙筲　　　　　　　　竹筲

茶炊子已经没有实用功能，而是作为一种表演道具存在。晚上表演的时候，茶炊子上的蜡烛点上，灯彩非常漂亮。

龙筲和竹筲都是用来盛水的。

八方盒子（点心盒子）。两个，是用来盛点心的，盖上刻的是福禄寿喜。

圆笼。用来盛放会里的音乐表演器具。

衣裳箱子。用来盛会里的衣服。

挑子灯。由木头做的一个弯弯的挑子，上面是龙头，龙头上有绒球，挑子挑着一个白色的椭圆灯，这个灯以前是角质灯，灯里放蜡，现在是用玻璃做的，里面放的是灯泡。行会的时候要带挑子灯，一般白天也不带，都是晚上带，因为晚上有灯彩。

手旗。长方形，黄色。旗上写有"杨家庄永音法鼓"的会名。一般在行会时要有会员带小手旗，手旗没有具体的数量，多达几百人，主要是根据行会队伍的长短而定，所起的是护卫的作用，避免在行会

点心盒子

衣裳箱子

过程中过分拥挤。手旗都在执事的外边。

串灯。一个串灯由9个灯组成，是用玻璃做的。左右串灯上面的字分别是"宏扬天津卫法鼓艺术"，"传承非物质文化遗产"，设摆时一边一个。行会的时候串灯不带出来。会里现有串灯是新制作的。

气死风灯。两面门旗中间，横幅下是两个气死风灯（旗子风灯），圆形的大灯，行会时，用挑杆挑着走，设摆时，将挑杆换为三角架支起来。灯能够伸缩，不用的时候，可以收缩，用的时候，摁一个按钮可以张开。气死风灯（旗子风灯），主要是不怕风，过去再大的风，里面的蜡烛不会灭。

木箱子。1.2米见方的正方形箱子，一般放在鼓的前面，一共放四个，每个箱子上写着会名的一个字，放在一起，组成"永音法鼓"。木箱子设摆的时候，除鼓之外的其他乐

圆笼

器都要放在它上面，下会以后用来盛放茶炊子。有的时候去外地演出，也需要这些大箱子装会里的东西。以前用来盛放钹、铙的木箱子较小。

　　除会旗、鼓箱子和软对外，剩余道具大部分都用玻璃镶嵌，饰有彩绘、浮雕、镂花等，风格各异，琳琅满目。并装饰有多家流派的文字图案，其中多是忠信仁义、精忠报国等内容，还包括楷、行、草、隶、篆的楹联，既有古香古色之典雅，又有民间特色之精华。这和杨庄子的传统文化有关，原来杨庄子大街小巷都有木制雕刻的路灯。南北大街、东西大街、东西小街，各个胡同里都有，路灯上写有岳飞传、三国演义等内容，灯的尺寸不一样，有大有小，较大的路口就放大灯，小路口就放小灯，因此，法鼓会的文字底蕴很自然就形成了。每件道具都是成双成套，并有与之相配套的木墩架等。设摆时，对称排列，层

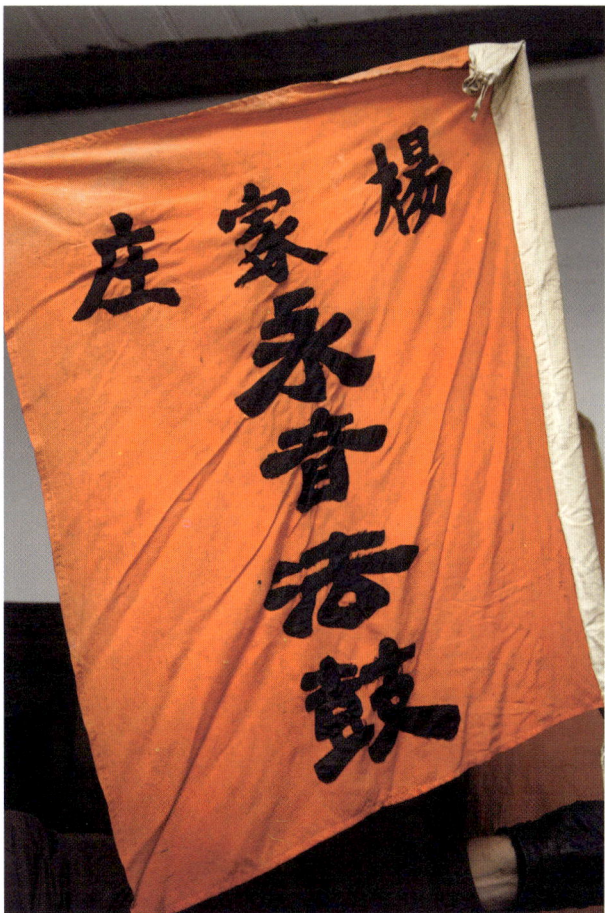

手旗

串灯

次分明，整齐有序，如在夜晚，华灯初上，灯火通明，颇为壮观。

无论是高照还是茶炊子四个角上的灯，原来都是角质灯，这门制作工艺已经失传，都是用玻璃做的。角质灯不害怕火焰，可以放蜡烛；玻璃做的晚上放灯彩，如果放蜡烛，一会儿就要赶快熄灭，害怕把玻璃烧化了。

四挑茶炊子，还有俩点心箱子和衣裳箱子的图案经由杨奎举师傅修缮，发生了一些嬗变。杨奎举师傅讲：他曾经找过《二十四孝图》，"因为得重新刻那个茶炊子，需要图案。我就拿个相机坐火车

摆放钹、铙的木箱子，中间为同云法鼓的箱子

去北京，照万寿山的龙头，侧脸的、正脸的，都照下来，给雕刻的师傅做样子。尤其刻那个龙筲，既然修，就得修好一点。我上九龙壁，把九条龙我都给照下来，还是没选上。单位里有那么一张印刷图，是龙，我就印了一张黑白的，拿到雕刻师傅那里，他说，这张图就行。现在龙筲上的龙图案就是这个。还有一张图，就是《二十四孝图》，那时候我活动比较频繁，有人给我提个醒，现在不提倡孝道了。你看解放50年了，才好一点。刚开始，对于孝道方面不是太宣扬。那阵儿，我把材料都找了，可是在刻的时候，我把材料又都收拾起来了，后来刻的是十八仕女。以前刻的也不是二十四孝，是花草、三仙图，佛手、石榴、葫芦这些。我就不想刻花草了，我有我的看法，现在有一挑还是花草的，属于三仙佛手，还有一挑是九狮图的"。茶炊子的形状和样式和传统的相比没有太多改变，但是图案已经经历了许多变化。

　　同云法鼓老会还有两只大箱子现存于永音法鼓老会。同云法鼓老会现已不存在了，该会创立于乾隆年间，属于私人的一个法鼓会，或者只有这些遗物才能见证他们曾经的辉煌。永音法鼓会还有一块自己刻的匾，上题"永音法鼓"四个字，是20世纪80年代刻的。

　　现在会里的老物件有龙筲和龙挑。九狮图、花草这些茶炊子都是新做的，软对、硬对这些也都是新的。老的软对都糗了。灯牌、高照都是新的，现在的纛旗也是20世纪80年代新做的。镲铬有俩老的，铙现在还有一副老的。这些老的器具已经都被会长放起来，不再用了，作为文物保存。

二、演奏器具

杨家庄法鼓有五种乐器：鼓、钹、铙、铛、镲铬。"法鼓有五器，五音鼓为先，钹铙阴阳和，铛镲随身伴。"在法鼓会中，最重要的是鼓，起引领和指挥的作用。其他乐器都要以鼓为中心，根据鼓的节奏和拍节进行表演。因此，鼓的责任非常重大，如果鼓点有错误，结果不堪设想。表演时，如果这五种乐器能做到默契配合，阴阳相和，会有一种"山雨欲来风满楼"的壮观之势。这五种乐器，形状不同，打法不同，技巧也不同。

鼓。尺寸为60厘米高，直径是55厘米。一般都是将鼓放在鼓箱中，用鼓楗子敲击。鼓楗子是一对儿。鼓除了打鼓佬可以摸，别人谁也不能摸。祖上留下来的老鼓鼓面是用江豚的皮做的。这是会里传下来的，已

鼓

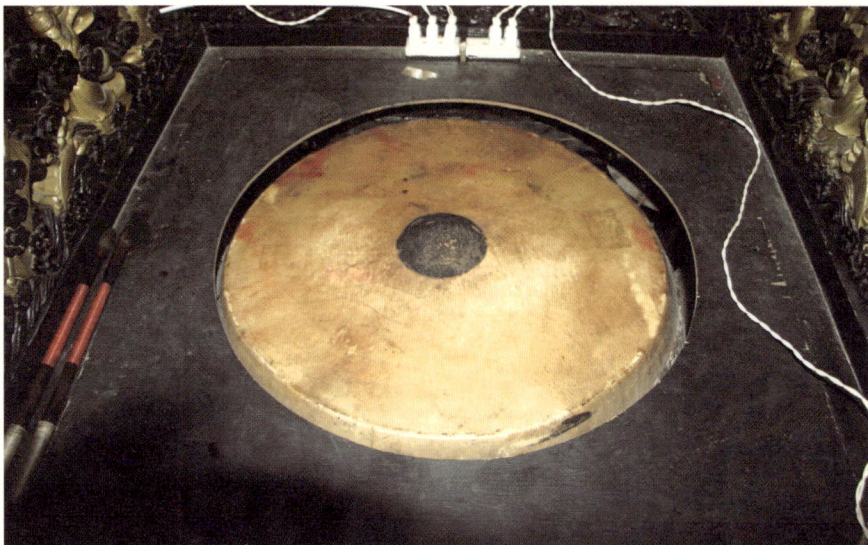

鼓围子需要围住鼓，以表示鼓的重要

经有100多年的历史了。它的特点是得拿水润一下子。牛皮的不敢拿水润，一润，一敲，是"趴"的音。江豚皮绷得太紧了出来音不好听，所以敲之前，得拿水润。表演之前和表演中间休息的时候，都要润一下。打鼓佬倒点水儿在鼓上，用湿毛巾擦一下鼓皮。鼓润到什么程度，那个水珠得在鼓皮上蹦跶，敲的时候蹦水点。一说停了，休息一会儿，就赶快用湿毛巾往鼓面上一蒙，拿个木头板儿一盖。所以该会的鼓有洇鼓一说，天热天干的时候敲出来的音不好听，越阴天声音越好。如果是夏天出会，一般要洇鼓。现在会里所用的鼓是20世纪50年代去南方托人买的。

鼓楗子

钹

原来的鼓在八国联军侵略中国的时候曾经被刺刀戳破过。小鼓架子更久，有200多年历史。新的鼓架子是现修的。鼓槌子，也叫鼓把或鼓槌儿，尺寸较小，有一尺多点，一般用紫檀木等份量比较重的木材做，都是按照老鼓槌子的尺寸做的。紫檀木鼓槌子平常不用，出会的时候才用，平时都用普通木头做的鼓槌子来练习。

钹，成对儿。钹不用的时候，俩钹套起来，用钹缨子把他们缠好，这是个规矩。钹没有谁专用的，大家随便拿。现在会里有八副钹，形状都差不多，但每副都不一样。主要是音不一样，份量也不一样，有厚有薄，有轻有重。厚的音重，薄的音轻。现在的钹直径没有30厘米，老钹有30厘米，现

钹不用时应用钹缨子缠好，这是会里的规矩

钹买回来后会在里面写上"法"字

在的都小了。现在的钹是铜做的，还加了别的元素，不然不响，也叫响铜。过去的钹是用青铜做的。钹缨子是由黄色的布做的，它的长度是一幅布的宽，一般三尺。先买钹，钹缨子是另外单独买的，穿到钹眼儿上就行，和钹缨子一块儿穿到钹眼儿里的，还有一条白色的带子，行话叫小辫儿，它的作用主要是在里边绷着劲儿，害怕不结实，不让它松，是尼龙做的；过去是麻编的，更结实。

铙，成对儿。直径约30−35厘米，中间的隆起部分是个圆疙瘩，叫铙脐子。铙脐子里有个眼儿叫铙鼻子。买铙的时候。手指头得握着比较方便，能扣住铙脐子，指头套上以后，能拿紧了，可以绷住手。现在会里还有两副铙是传下来的。其他的铙，有的在唐山买，有的在本市买。买的时

铙

候，要听音，比着老铙发的音买。买钹也是这样，得要音正。买的时候，去几个人，到那儿敲。不能叫它是一个音，八副钹铙得是八个音才行。老铙大，毛直径得30多厘米，现在卖的都没那么大。再早的铙重，现在有3斤。铙是响铜做的，两片铙音不一样，没有相同的音，总有阴阳，或者有点差别。尤其过去，铙都是手工做的，没有办法在音色上都一样。所以，练铙的就应该清楚，哪个是阳、高音，哪个是阴、低音。声音高的拿在左手，声音低的拿在右手。

铛子。是将一面直径为15厘米左右的小锣，用绳子系在铛架子上，左手拿住铛架子

铛楗子

鱼龙变化铛子

鱼龙变化铛子细节

九狮图铛子细节

九狮图铛子

的下端，右手用铛楗子敲击。铛架子上一般都会雕刻上图案，一副是九狮图，一副是鱼龙变化。鱼龙变化铛子，手里拿的把儿是一条鱼，鱼头有俩须子，喷出来的水花变成了龙头，鱼一点点变成龙。九狮图是铛架子上刻了九个狮子。别的法鼓的铛架子不是这样的。敲铛子的铛楗子是由藤子做的，因为藤子有弹性。铛子在法鼓高潮的时候，必须抖起来，才能有颤音，才好听。上擂的时候，铛子随着鼓敲，抖不起来，就特别难听。现在的铛楗子是该会的会员自己做的，藤子最上面嵌的是一枚铜板，以前是用老钱（圆形方孔钱），现在没有老钱了，就用铜板。八把铛子不能一个音，八把铛子八个音，一打起来才特别好听。买铛子的时候，一大筐，得挑，听那个音，得是八个音，才好听。设摆的时候，按正规来说，一把九狮图铛子，一把鱼龙变化铛子，穿插着来。铛子架是由楸木做的。

镲铬，成对儿，也叫铬子。直径大约15—20厘米，有的大一号，有的小一号，没有严格要求。黄绸布穿入孔眼中，缠在手上演奏。两个镲铬的音要尽量不一样。镲铬的拿法和钹不一样，右手正面来个小挽儿就行，这样打得起劲儿的时候，不会掉下来。左手拿着不动，右手跟着拍子走，从上往下，敲击左手的镲铬。上擂的时候，就变了，得跟着鼓走。铛子转套子的时候有个"铛铛铛"的声音，镲没有，就一下一下地敲。镲铬就是上擂的时候有变化，要跟着板走。拽鼓不行，激鼓也不行。把板头得板住了，必须把板头砸准了。上擂结束后，根据速度又变常行点，这叫有板有眼。镲铬不用的时候，也得缠上，这是规矩。

镲铬

三、演奏器具的功能和象征意义

1. 法鼓以鼓为首

杨庄子的鼓中间有个黑点，鼓中为阳，鼓边为阴，敲中间的时候，铙要碰到一起。敲边鼓的时候，钹就要碰出来。鼓中间的黑圈只有杨庄子永音法鼓的鼓有，是用大漆画上的，据说，这是为了防止鼓坏。因为整个永音法鼓的曲谱中，敲"O"的时候比较多。鼓有阴与阳、轻与重之分。

法鼓有表演的规矩。以鼓为首，鼓一停，全音不能杂乱，多响一下钹，或者多敲一下铛子，这都是不允许的。鼓既有领导其他乐器的作用，也有衬托其他乐器伴奏的作用，需要衬托钹和铙的时候，鼓不能抢了它们的风头。

法鼓一开始要哨鼓。哨鼓的节奏是由慢到快，由弱到强，再由强到弱，用的是单点。一般情况下哨三通，有时候也多哨几通，目的就是把人聚起来。其实传统就是哨三通，多一通也不行。接下来开钹，钹要敲四下，下面根据会头定好的套子开始敲。哨鼓有两个含义：一个是拢人，每次打完一场，人们就把东西撂下了，一看边上有耍狮子嘛的，都往那边去了。哨鼓能把看别的会的人拢过来；另一个是表示表演要开始了，等人都到齐站好了，紧接着再哨一遍鼓，这遍的意思是催着你赶紧网家伙，做准备，开始表演。无论是谁都得听鼓指挥。哨鼓是单手敲鼓，刚开始比较慢，后来越来越快，但是这时候鼓音就逐渐轻了。哨鼓有时候打一遍，有时候打两、三遍。

鼓还有阴鼓的说法。打鼓好的人，一定有这个讲究。只有在上播的时候才有阴鼓这一说，算是一种催播。真正的阴鼓只有两次，开始没有，是在三次高潮之间，在第一次和第二次上播结束以后有。阴鼓的意思，就是把激情的点落下来，或者说根本不打出声音来。上播期间，把铙、钹、铛子、镲铬都调动到最高潮和激烈的时候，鼓的声音自己就下来了，阴到什么程度，几乎已经敲不响的时候，光听见下面其他的四种乐器的声音。打鼓佬自己心里明白鼓点，但是不敲出来，或者说也敲，但是敲的力度很小，几乎听不出声音来。鼓在新一次上擂前，要敲几次边鼓，然后有几次要敲中间黑的圆圈的地方，因为有圆漆的这个地方最响。敲中间的意思是提醒大伙儿，新一轮的上擂要来了，其他的乐器得做好准备。

2. 钹的功能

出会时，钹一般最少两副，多时八副。和铙相对，呈八字排开。钹为阴，所以一般站在在鼓的右侧。最靠近鼓的位置站的是头钹，只有头钹有称呼，没有二钹、三钹的称呼。多会选择技术比较成熟、耳音好的人来作头钹，打任何一个套都不会乱，其他打钹的也都要跟着头钹走。头钹和打鼓的要配合默契。

头钹的主要功能一个是开钹，一个是收钹。开钹一般的情况下就是敲四下，开完四下，鼓点就开始起鼓。只有头钹在开钹的时候敲四下，鼓一响，就表示开始了，其他乐器也就都跟着响。收钹，是都要完了，鼓点也停了，头钹需要提早知道。头钹在收钹的时候，他的动作和别的不一样。因为只有头钹有一个收点，头钹的最后两下得收起来，收起来是为了开钹。都停了以后，他"叭叭叭叭"打四下以后，接着开，叫鼓打收点，鼓一收点，整个乐器全部停。

钹站的位置和铙站的位置相对。钹为阴、铙为阳，讲究阴阳相对。在钹敲的时候铙停，在铙敲的时候钹停。

3. 铙的功能

出会时，铙一般最少两副，多时八副。和钹相对，呈八字排开，铙为阳，所以一般站在鼓的左侧。最靠近鼓的位置站的是头铙，只有头铙有称呼，没有二铙、三铙的称呼。

头铙的作用也是引领别的铙都是向头铙看齐。另外，开套子的时候，该头铙开，别的铙都不许动、不许响，光听头铙的。

钹和铙得是对称的。因为打的时候，得打套子，你看着我，我看着你，需要互相对看。耍的时候，钹、铙也是相对的。

4. 护心的铬子

镲铬演奏时，要两手举在胸前演奏，所以有"护心的铬子"一说。

镲铬也叫报头，主要是起到打拍子、击板合拍的作用。镲铬一般都是随同钹、铙的演奏，每拍敲击一下。镲铬尤其要与铛子相呼应，一般是镲铬敲击一下，铛子敲击两下，这叫"一板两眼"。当演奏高潮时，铛子节奏变快，每拍改奏三下，叫"一板三眼"。原来会里的老会长杨惠友，就总是强调必须得把镲铬把好了，把镲铬的这个人必须是有经验的人，对整个节奏很熟悉。就是板头一定要控制好，不能乱一点点，只要板头不乱，其他的乐器要是乱了，也能找回来。镲铬是从头到尾一直一个节奏，它跟着鼓和会员心里念着的曲谱走，不但打镲铬的要念曲谱，整个五套乐器演奏者都要在心中默念曲谱。现在每次出会都是由会头杨奎举师傅把着镲铬。

镲铬从头到尾不受任何乐器的干扰，但是你要知道场上打的是哪套曲谱。要时刻注意，鼓什么时候变音了，速度和节奏加快了，胳膊就不能甩下来了，因为没有时间了。鼓要起板，一到上搐的时候，鼓点就得紧上去，打镲铬的就不能和原来一样的节奏，那就离了整体的板头了。虽然还是匀速，但是板头明显地变快了。任何时刻都要听鼓的节奏，有时候镲铬要把着鼓的节奏走。有时候会出现压板的情况，什么意思呢？鼓、钹、铙、铛子的点儿都上去了，镲铬还是原来的节奏，就慢了，影响整体的节奏。要是镲铬打快了，也不行。如果打钹的都是三十来岁的小伙子，还好一点，因为手脚都利索，动作能做完，那些打铙子的可就难跟上了。这时候打镲铬的要压着后音儿打，一个是注意保持不乱，一个是一定要压住整体的节奏。

5. 迎面的铙子

铙子，有"迎面的铙子"一说，意思是给鼓保驾护航。铙子一乱，鼓就乱。第一个上擂完了以后，到刹鼓时，就光听铙子的，鼓不打都没事儿，有铙子给它打就可以。所以，铙子在全场的过程中也比较重要。

抱着鼓的四个铙子必须好一点。因为铙子打得不好，能把整个场子里的拍节搅乱了。敲法鼓，最早应该是八副铙子，以鼓为界，一边四个。把着鼓跟前的这四位铙子手得好。打铙子的家伙是藤子做的，有点颤劲儿，一个点得打出来鼓的双点。所以，跟前四把铙子，就是所谓的"捧鼓"。

打铙子较累，不像钹、铙能有个缓劲儿。铙子总得举着，没有人换。尤其是打一品、二品的时候，四十多分钟，没人换，就得一直举着。设摆的时候，铙子可以放在铙架子上。要是打的时候，就必须举起来打，不然显得不严肃。尤其是行会的时候，总得举着敲，敲常行点。行会的时候，钹、铙可以不打，光镲铬和铙子打。没法撂，一撂就停了。一套铙子三四斤，比较重。

铙子必须得会听鼓，听鼓的点和拍节。不好学在哪儿？从正常的常行点转到打套子的常行点，谱子里没有。还有好些没有谱子。经常听，才能知道点儿，所以得耳濡目染地学。

铙子打上擂开始，就打的是鼓点。鼓怎么打，铙子怎么打。不上擂的时候就打单点。铙子使劲的地方就是转套子和上擂。叫三点，是三下。鼓是双点，铙子是鼓的单点。叫三点的时候，五种乐器重音同时都出来了，都砸那一下，砸完那一下，就齐了，铙子声音也下来了。

第五章

传承现状

一、传统社区的解体

　　杨奎举会长每每提及法鼓的存在现状时都会流露出一丝忧虑，他常说："法鼓就是杨家庄的乡亲会，法鼓亡了，乡音没了，根就没了。"法鼓会是杨庄子的乡音，虽然现在杨庄子没了，随着城市的拆迁改造，人员四散但会没散，最主要的原因是，不但有会敲法鼓的人，还有会听法鼓的人。要是爱听法鼓的人不在了，那法鼓肯定要消亡。爱听法鼓的人传承的其实是传统社区的精神。

现在的会所

　　城市改造的进程步伐迅速，皇会赖以生存的环境被严重地破坏。大批的村民散落到城市的各个角落，再难聚齐，使得这项社区村民自发自觉的艺术形式进行下去变得非常困难。原来的杨庄子已经消失，现在的云广新里是他们的老根据地，但是住在云广新里的老法鼓会员已经不多。杨庄子多半的人都已经离开，搬到小海地、体院北等处。

　　由于城市平房拆迁，该会现无固定会所及活动场地，这给法鼓会日常的排练与活动带来极大的困难。临时会所地势较低，遇雨天，部分道具损坏。原来云广新里，包括南北大街，都是杨庄子的地方，只要一哨鼓，人马上就都聚过来，现在已经完全没有这个条件了，平常的练习和出会都要由会长通过电话逐个联系，人员能否到齐是个很大的问题。

　　该会会所变更过好多地方，杨庄子2004年以后就不存在了，现在还留下一个小角，叫云广新里。因为杨庄子原来有个云广里，一溜平房，都是贫民住的地方。该会现在所属辖区是挂甲寺街道。滦水里是挂甲寺街道管辖

会员在会所表演

的地方，有一溜平房，现在的会所就在滦水里的这一溜平房中占了两间。

城市拆迁有步骤进行，从海河边到南北大街的老房子，逐渐开始消失。最早是云广新里。那时候的政策是还迁，扒完以后，盖新楼，原来的老户再回来，云广新里的人多是老户还迁回来的。其他杨庄子的地方，是搬走就完了，不回来了。因为这是公家占的地方，盖游乐场、跑马场。在拆海河边的时候，会长杨奎举做了好多工作，及时登记所有会员的联系方式，这样才得以让该会一直传承至今。

会所拆的时候，街道让杨奎举自己找房子，而永音法鼓的会所向来都是在公产的房子里。以前会所的东西都在老公所里，公所是公共场所，都是过去老一辈在理儿的人呆的地方，解放以后老公所改成了小学。后来会所不在公所了，就搬到村里盖的平房里，也还是公产，没有占私人的房子，私人的房子装不下法鼓会的东西。拆迁的时候，就搬到挂甲寺庆音老会那个庄子里边，原来俩庄子不交流。尤其是俩会，不交流。后来，不那么保守了。在拆迁的时候，想找一个房子作会所非常困难，杨奎举师傅说："他（挂甲寺街道）叫我自己找房子，我没地儿找，那边大铲子车就要扒。我就找几个老头上那儿坐着去，保护我会所啊。在那儿呆了半年，半年以后搬到滦水里这里，一直在这儿。这儿的老百姓一开始也不懂得咱的法鼓会，不让搬，闹了好些事儿。现在跟我好极了。因为我不搅和他们。现在大家都喜欢我们这个会，那些老太太们主动给沏茶水。这不就是咱们处的关系好嘛。"

会长杨奎举为了会所的事情，有道理的事情做过，天天去街道反映情况，可是没有任何答复。没道理的事情也做过，2004年，还曾经抢占过挂甲寺街道的房子。据他讲："云广新里在不起眼的地方盖了四五间平房，是给社区的保洁员盖的，让我给发现了。我一看那些平房还没刷浆子，这是个机会，如果屋里弄好了，就进不去了。只要屋里的地是平的，怎么都行。一个年轻人把那小平房的钥匙放在口袋里，我一把抓住他，说，你别动，你一动，我趴在这儿，你一月2000块钱，赔不起。其实无冤无仇素不相识，把人家吓得愣住了。年轻人不知道，说大爷你怎么回事？我把钥匙给拿过来了。我说你去告诉居委会主任，有一个白头发老头，把钥匙给拿走了。居委会主任出来，一看是我，就知道是怎么回事，就走了。我早都预备好了，花百十块钱，用车把会上的东西不值钱的运来，把几间房子都放上东西，锁上，我就走了。到第八天，我的东西，一件都没留，都让人家给偷走了。意思很明白，你抢占的房子是街道的，街道知道是我干的，就把东西都转地方了。转地方，我就报警了。我上午九点报警，下午四点街里给我来电话，说东西找到了。街里有两把钥匙，就把我的东西都拉走了。我叫了6个老头，我告诉他们，70岁以下别跟我走。这些人都不怕死，不怕活了。我到区政府，他们不搭理我们。我就告挂甲寺街道，因为我东西没了。他们说，大爷能不能坐下来谈谈。我说，就应该坐下来谈谈。我把真心的东西谈出来了。我现在没那个环境了，以前的杨庄子还有整体的那个环境，现在没有了。现在我走脑子的是，怎么把这个会传承下去。如何再创造出来杨庄子那个环境，不是一件简单的事儿。咱也别走回头路，咱往前走，你保护单位得给我鸣锣开道。"没有会所，日常排练是个大问题，而且也无法招来学员。法鼓会曾经登报招收学员，但因为没有会所，学员学了几天也就解散了。

目前，法鼓会的演出道具、器具破损，老化程度严重，急需修复，由于缺乏资金，无钱修复。每次出会拿到的资金，仅仅够出会的交通费、饮食费。而平时会里所需的器具维修资金、联络资金，出会的费用远远不够维持。

二、会员结构的变化

杨家庄永音法鼓的地域性特征尤为明显，会员的组成基本都为本地居民，基本是父传其子，子传其孙，代代不绝，或者是祖辈都学法鼓，或者是隔辈儿学法鼓。所以，会员多是老杨庄子的人。随着城市化进程的加快，法鼓最原生态的生存环境被破坏，人员四散，传承困难。

杨家庄永音法鼓传承至今，按照会头杨奎举师傅的确认，有据可查的目前已传承至第七代。历代的会头分别是：

第一代	杨 方	清乾隆年间
第二代	唐老井 杨金才	生卒年不详 生卒年不详
第三代	杨春方	生卒年不详
第四代	陶兰波	生卒年不详
第五代	李玉奎	生卒年不详
第六代	唐恩成 杨惠友	生卒年不详 生于1924年
第七代	杨奎举	生于1935年

注：以上均为男性

会头主要指的是技艺传承人。有些传承人具有会头性质，既是传承人，同时也是会头。一般必须是对会里的五种表演乐器全通的人才能当会头，只有各种器具都会表演，才能把这门艺术传承下去。会头需要知道谁打钹打得好，打铙打得好。

但有些会头不是传承人，尤其是该会早期，一般是由比较有威望的人，比如脚行头、村长、农业社负责人来担任。

最早的会头该会没有历史记载，已经无法确认其姓名。该会没有会谱（也称代谱），这个传承代谱是在申请国家级非物质文化遗产的时候，由该会会长通过采访几位会里的老前辈整理出来的。

会头的产生是自然形成的。或者是在人群里出类拔萃，能多受累还懂得多。或者是家里有钱，有势力，在杨庄子威望较高，可以当名誉会长。以前，在门旗中间会有一个领会者，这个领会者就是绅士，是杨庄子比较有钱有势力的人儿。他拿着头锣（引锣），负责会里出会时的大事小情。

之所以选这样的人当会长，是因为这个会容易产生矛盾。天津过去有个方言名词，叫会会儿（混混儿），就是打闹、耍的意思。这个词比惹惹还厉害，惹惹是混混儿旁边的那个人。这个名词儿就是从玩会儿的人身上来的。以前出一次会，需要100多号人，难免会有几个贪玩儿、不讲道理的人，哪个人都可能给会里惹点事儿。所以说，头锣如果没有点势力，没有点经济基础，就站不住，无法服众。选这样的人当个头面人，出事儿能挡得住，真要打点官司，也扛得起。该会会长杨奎举从50多岁开始当会长，他的父亲就是法鼓会的人，会打鼓、打铛子。他是法鼓会世家，会里的乐器他都能打。所以，他当会长就是自然而然形成的。

老会头杨惠友被称为会里的灵魂人物，任何一个会员都佩服、尊敬他。提杨庄子法鼓不能不提他，他教的会员不下四五代，是对杨庄子法鼓付出最多的人。他喜好也特别多，下象棋、打扑克，人缘也特别好。他原来是农业社的人。教会员的时候，别人说他什么，他都不往心里去，他说："只要你让自己的孩子出来，你骂我都行。"他教会员的时候特别严格。农业社时期，他办了两个速成班，用了不到三年时间，培养出40来个人。他2004年去世，会员都特别悲伤。他走的时

法鼓寻传人——杨家庄永音法鼓在2006年9月登报寻找传人

候，会里把法鼓会的东西都拿到他家去，在那儿敲了好几套。他心里应该也希望这样，但是他走之前已经说不出来话了。永音法鼓一般不敲婚丧嫁娶事，但出于乡情和对老会头的尊敬，法鼓会一致决定必须去敲一通。该会只给两个人走的时候敲过，杨惠友和翟四爷，他们临死前没这个要求，是会员们自愿去敲的。翟四爷是会里的老人，打铙的，比杨惠友年龄还大。所以，会里也给他敲了一通。

会里的会员都是男性。在年龄梯队上，据会长杨奎举介绍：现在出会一般情况也得二三十人，太多了有时候就来不到。现在第五代的一个人也没有了。第七代的人，都六七十岁以上了，有杨奎有（65岁）、杨益臣（72岁）、张俊（75岁）、张子明（65岁）、张金海（69岁）、张

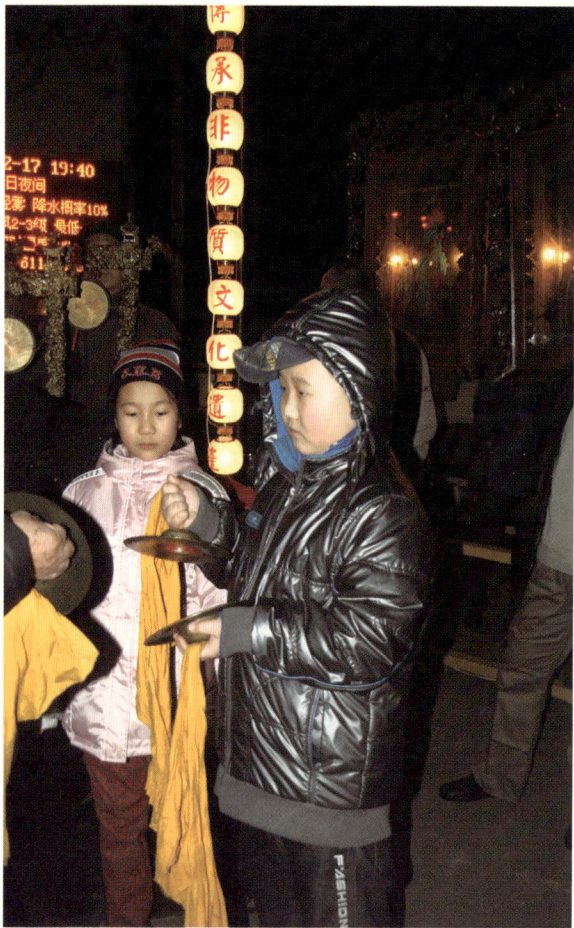

会里最小的传承人在老人的指导下出会打镲铙

金铎（72岁）、杨星伟（62岁）、李基州（76岁）、吴凤起（76岁）。第六代七十多岁的有十来个，出会的时候来不了那么多。六十多岁的人也不少。该会现在主要发展的就是六十多岁的人，因为他们现在退休在家，没什么事儿，能够经常出会。现在第六代中七十多岁的经常来参加会的有八九个人，六十多岁的不多，有六七个。也有更年轻的，四十来岁的有，三十多岁的也有，有二十多个。二十来岁的人一个也没有。此外还有两个小孩子在学习。每礼拜二、礼拜五晚上七点，会员会上河西区文化馆练法鼓。

目前该会的人员老化严重，急需后备力量。早年的法鼓会年龄梯队都普遍年轻化，打镲铙的都是小孩子，打钹的是十几岁二十几岁的人，打铙的是二三十岁的人，但是现在法鼓会的五种乐器表演者都存在人员老化的情况。传承问题，是该会所面临的棘手问题。非物质文化遗产保护的核心是传承人，因为一旦人亡便会艺绝。当会里的老人都相继去世的时候，永音法鼓靠谁去传承？

该会会长最常说的一句话，就是"人马刀枪架"。现在有很多地方想成立法鼓会，来永音法鼓这儿求经验，杨奎举说成立法鼓会，学法鼓，不是一件简单的事。但是最不容易成立起来的是人马，得有一套人马，没有人，法鼓会根本不可能恢复或者成立。有钱可以置办会里的东西，可是却置办不来人。

现在会里出会，因为人员缺乏，所以没有人打旗儿，也没有人打执事。如果有人，就挑两副茶炊子，如果没人，就挑一副茶炊子。会里现在踩街很困难，因为会里的老人多。而文场挑的茶炊子特别沉，有100多斤，走个100米、200来米还可以，要是走好几里地，那可就不行了，吃不消。过去要说出会，走多远都没问题。因为人多，会挑炊子的人也多，挨个换肩儿，都可以换。现在找换肩儿的人都困难，所以，该会一踩街就比较犯怵。

过去该会出会一般都需要100多人，无论是前场还是武场，人员齐备，隆重浩大，但是现在，无论从设摆的器具还是表演的人数，和以前相比都大大简化和减少了。

该会曾想过许多方法来招收学员学习法鼓，曾建议进入小学教学，可是无法施行；也曾登报招收学员，却无人来学。目前尚未找到很好的传承方式。

三、传承机制的嬗变与危机

杨家庄永音法鼓是一种民间艺术，传承机制以师徒传承、家族传承为主要方式。同时具有鲜明的集体性，所谓的师承关系也只是相对而言的。随着历史的变迁，在城市化进程中，传承方式在承袭传统的基础上，发生了前所未有的变化。

师传家传相结合。该会以前的传承机制有师传也有家传，一般情况属于师传。杨奎举学习法鼓技艺的时候，唐恩成教过，杨惠友也教过，这是师传；同时他爹也教过他，这是家传，但只是个辅助。像杨奎举这样学艺的会员有很多。现在会里家传的少，大部分都由会里的师傅传授。

群体性传承。五种乐器，打鼓手1人，打铙者、打钹者、打铛者、打镲铬者最少各2人。必须群体合奏，才能演奏曲谱。在采访的过程中，分别让各乐器演奏者各自敲曲谱，都很难奏响美妙的声音。甚至无其他音相和，敲谱都不是很熟练。

地域性传承。杨家庄法鼓是伴随着杨庄子这一个自然居住村落而形成的表演花会，具有极强的地域性。会员都是原来杨庄子的人，具有极强的地域认同性，现在随着社会转型、城市拆迁，会员分散各处，原来的地域认同感也在渐渐淡化。

技艺传承。杨家庄永音法鼓老会2008年被评为国家级非物质文化遗产时，是作为民间音乐类别。该会的音乐、舞蹈表演这些非物质性的技艺的传承才是保护和传承的重中之重。

历史性传承。杨家庄法鼓有着200多年的历史，需要把自身的历史传承下去。

精神传承。精神传承其实是一种文化自觉。因为它的地域性、群体性、历史性，因此，它是当地居民向心力和凝聚力的标志，伴随着民间居住村落而自然形成，被广大居民由衷倾慕与热爱。

非商业化传承。尽管现在杨家庄法鼓每次出会，都会有一定的资金来源，但这并非纯粹的商业演出。会员没有一分钱的工资。

文化传承。法鼓作为一种有历史性的表演技艺，而且作为天津所独有的一种表演技艺，承载了很多的民俗文化内涵。

目前该会面临的传承危机有：人员老化，后备力量不足；没有固定的会所，资金缺乏；表演时间被大大缩短。以前的杨家庄永音法鼓坐着敲，时间较长。如果敲一品、二品需要将近一个小时。可是现在出会给的表演时间一般只有8分钟。只能敲一个单套加个上播。许多曲牌不经常练习就会生疏，该会会员希望出会时能给更多的表演时间，这样才能够在平常的练习过程中多练一些曲牌。作为一种民间音乐和民间舞蹈表演技艺，只有经常练习，才能够传承下去。该会的表演和以前相比在规模、人数、设摆（文场）和武场方面已经大大地被简化了。这种被简化的表演，目前在各道会中普遍存在，也是非物质文化遗产传承中的一个危机。

"法鼓必有知音"，有敲鼓的就有听鼓的。过去叫"杨庄法鼓坐着敲"，意思是要打整套的，庄上人爱看，一看就是几个小时。现在没有知音，只有观众；不是敲法鼓，是耍法鼓。在田野调查的过程中，我们发现，杨家庄永音法鼓不仅对于自己的法鼓会有保护的文化自觉，而且对于法鼓是非物质文化遗产也有一种文化自觉。对于政府保护有了一种预期值，但是这种预期值却大大地落空。该会会员杨益臣说："会所如果挪到杨庄子来，就行了。你在滦水道那儿就不行了，一敲害怕人家闹。杨庄子回迁的人不少，法鼓会的人回迁的有二十来位。要是在这儿继续行会，早都发展起来了。它就是有个乡情，杨庄子法鼓就应该是在杨庄子。大伙儿甭管多远，上杨庄子来，来这儿看看。就好像京剧对于中国是国粹一样，杨庄子法鼓对于杨庄子来说是庄粹。现在一说，咱杨庄子的家伙什搁哪儿，怎么搁那儿去了呢（指现在的滦水道的会所）？杨庄子的人，不分派别，都爱法鼓。过去财主、地主，都很喜欢法鼓，他们不入会，到出会的时候，会长就告诉这些老人们，要出会了，资金困难，你拿多少，他拿多少。有钱多拿，没钱就少拿。"

杨家庄法鼓最宝贵的就是这种精神。杨益臣师傅说："杨庄子法鼓会没靠过别人，就靠自己。为什么原来那么多道法鼓，到现在都没有了，而杨庄子法鼓还存在，就是因为有这种精神在里边。一听说出会，从内心感到高兴。再出会，不那么容易。想做到和从前一样，觉得是梦想。可是现在发展得不错了。尤其是我们这些会员，开车的就算自己不挣买卖，也要给会里干活。"他还写过一首诗：

情系法鼓不舍不弃，

先人祖训世代相依。

宏扬传承文化遗产，

乐在其中强身健体。

永葆乡缘不离不弃，

音韵绵长世代相依。

法定传承文化遗产，

鼓震津门逍遥强体。

法鼓既是乡缘，又是非物质文化遗产，应该受到保护，使其音韵得以传承，继续绵长世代相依。

四、传承和保护

文化遗产包括物质文化遗产和非物质文化遗产，物质遗产具有非物质性的一面，非物质文化遗产也具有物质性的一面。所以，在保护法鼓时，应该既保护其物质层面的内容，又保护其非物质层面的内容。

天津法鼓的物质性遗产是文场中的传承百年的各种仪仗执事。有的法鼓会文场是半副銮驾，如挂甲寺庆音法鼓銮驾老会；有的法鼓会除文场执事外，还有轿辇，如南头窑同心法鼓；有的法鼓会还有吹会，如邵公庄萃韵吹会，是吹会和法鼓的结合。武场则是五种表演乐器鼓、钹、铙、铛、镲铬的合奏与表演。天津法鼓的非物质性遗产主要体现在技艺传承方面，其技艺主要是拿五种乐器按照固有的曲套进行敲打，并在上擂中飞钹、飞铙。天津法鼓曲牌同中有异，曲牌有《富贵图》《阴阳鱼》《对联》《四时如意》《八卦图》《绣球》《桥头》《瘸腿》《老河西》《连卒炮》等。每道法鼓有其中的六七个曲牌，一般都有《对联》和《绣球》。在上擂中的动作也是同中有异。

据20世纪90年代初步统计，天津市有30余道法鼓会，这是因为20世纪80年代民俗复兴形成大潮，许多民间花会闻风而起，纷纷复兴，十分活跃。但是随着20世纪末大规模的城市拆迁和新农村建设，许多法鼓会顷刻之间面临"临终"之险。

据笔者田野调查的初步统计，目前天津市法鼓会有三种传承情况：一是活态传承，有四五道会；二是濒危传承，这些会虽然仍有老艺人在，但是已经10多年或20多年不出会，没有会所，没有资金，更没有传人；三是已经消亡，成为历史记忆和遗存，人亡艺亡会亡，仅剩一些历史文物。

我们深为这些花会的传承危机和困境感到担忧。城市改造与城镇化建设使他们的传统社区解体，练无会所，会无资金，传承青黄不接，表演形式发生变迁。虽然这些花会没有被产业化，仍然保持一种原生态性，但是我们看到的是濒危现象日益严重，其独特的地域性、艺术性、整体性以及原生态性再不保护就只能成为一个个碎片，成为一种记忆中的遗存或者博物馆里的遗存，面临人亡艺亡会亡的窘境。

"非遗后"时代，政府、专家和传承群体、民众都不能让天津法鼓这一非物质文化遗产的原真性、整体性和原生态性遭到破坏，应群策群力保护好非物质文化遗产。基于目前天津市民间花会的传承危机，应该以《非物质遗产保护法》为保护原则，施行相应的保护措施。

1．非物质性遗产和物质性遗产同时保护。建议妥善保存民间文化遗产中物质性文化遗产，成立天津皇会博物馆将部分老会中有百年历史的物品放入博物馆进行妥善保存，并按照1：1的模式进行复制，老会出会时可用复制品。

2．档案保护。各区应该为本区的非物质文化遗产进行科学的普查，并为传承人做口述史，逐级申报非物质文化遗产项目。

3．资金保护。给花会设立专项的资金进行保护，尤其要为本区的花会提供一个比较好的会所，利于存放会里的器具，也利于其表演，不会扰民。

4．城市改造以及大规模拆迁时，应该充分规划本地区的花会情况，尽量使本地居民还迁，保留其社区传统性、整体性和原生态性。

5．建立天津皇会妈祖文化遗产数据库，进行现代科技手段的保护。国家非物质文化遗产保护中心已经先期建立了国家级遗产保护数据库，编制了保护非物质文化遗产的软件程序。天津皇会是我国一宗重大的文化遗产，已经具备了建立大型数据库的必要条件，通过数字化管理，皇会遗产的保护必将以先进的科技手段武装完备，有利于向全国或全世界弘扬天津妈祖文化，有利于奠定天津文化软实力的深厚根基，大大有利于天津乃至中国对外文化交流的广泛开展。

6. 宣传保护。充分利用多媒体手段，通过建立皇会民俗网站、皇会微博、论坛，最好建立一种可以双向互动的端口。既能发布材料，也能收集材料。一方面可以唤起散落在民间的皇会记忆，收集相关的信息，有助于专家学者的研究；另一方面可以加强民间艺术在民众中的普及，增加民众的普及度与认可度。

7. 加强传承人保护。开展社区培训班和公益性传习班，积极号召更多的年轻人加入和传习，"非遗保护、人人参与"，既为皇会建设注入新活力，也可以重塑文化空间及地缘文化。同时，还可以吸收更多的天津皇会保护志愿者加入。

8. 天津皇会进入小学课程，天津法鼓可以作为天津中小学生的课外体育娱乐课程，进行普及。

9. 资源整合保护。天津法鼓许多会处于濒危状态，但是有许多仪仗銮驾和表演器具；有些法鼓则是无表演器具，但有人员。天后宫馆长尚洁在"天津皇会再抢救"启动会上指出，可以对这样的花会进行资源整合，并计划在2012年底重新恢复宫音法鼓会。

冯骥才先生在"天津皇会再抢救"启动会上呼吁："天津人要关心我们自己的文化遗产，关心我们传承了300年表现天津地域性格的文化遗产。我们讲文化自觉，首先要对我们自己创造的文化爱惜。"同时，他希望"政府应该为皇会建立一个平台。因为天津皇会是集体传承，需要在一个地方聚合，经常在一起演练，需要一个文化的氛围。现在城市拆迁，他们没有聚合的地方，他们需要一个像传统会所那样的地方"。[1]

天津法鼓作为传承百年天津所特有的一种民间表演技艺，凝聚了天津人的地域性格和精神性格，同时也是文化多样性的一种表现，它在非遗后的时代，不应该濒危，而是复兴与传承，不应该消亡，而是保护与新生。

1.根据冯骥才在2012年6月8日"天津皇会再抢救"启动会上讲话的录音整理。

第六章

传承人口述

一、会头杨奎举

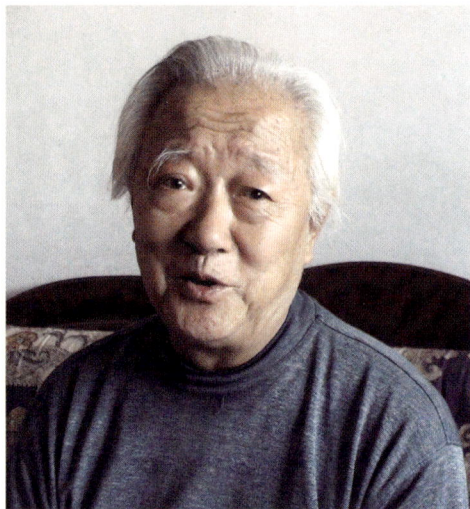

会头杨奎举

我叫杨奎举，男，出生于1935年农历十一月初六，汉族。我出生在杨庄子，搬到河西区前程里小区是1987年，祖辈都是天津人。

我正式受教育是小学阶段，在杨庄子小学上的，中学都是业余时间上的。我14岁考中学，家里没钱，所以就没上，只能去上夜校。16岁去印刷厂工作，一直到退休。

杨庄子东边靠河边儿有块儿菜园子，我的爷爷行，养一大家子，是农民，主要靠种菜卖菜为生。我爷爷那会儿，比较稳定。但随着社会的变迁，环境就变了。日本人进来和国民党时期，时局动荡。我哥五个，姐俩，父亲养活我们就不行了。

我家祖祖辈辈都敲法鼓。我爷爷是法鼓会的人，既打钹也敲鼓。我父亲打镲子也行，打铙也行，敲鼓也行。他经常在家里教我，他还念

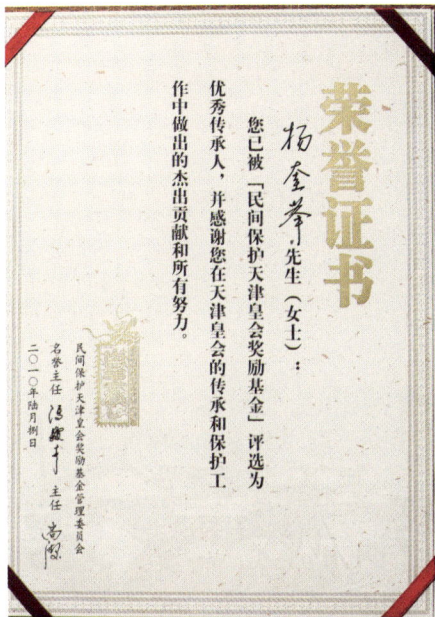

2010年杨奎举被「民间保护天津皇会奖励基金」评为优秀传承人

佛。我大哥也是法鼓会里的人，打铙、打镲子都行，鼓不行。我二哥不敲法鼓。我行三，四弟、五弟都敲法鼓。我大哥的孩子有几个是法鼓会的人。

我26岁结婚，生有一儿一女，他们都不好法鼓。我想熏他们，可是他们不朝这上贴。他们觉得"我爹是这法鼓会的人，我就不往上面贴了"。我的师傅是杨惠友，他也全通，还有一个师傅是唐恩成，我也没拜师，那个时候谁愿学就报名。小时候就懂法鼓，法鼓会总敲，只要一出会，我就去看，一哨鼓，我就去练。

我没有艺名。法鼓会里头虽然也有排辈的规矩，但也不完全按这个走。因为我赶到这个年代了。我就主张干，所谓干，就是你得上我这会里掺乎来。我有师传，也有家传。

我们会没有祖师爷，也没有保护神，所以出会前也没有祭拜的仪

1996年杨奎举被天津市广场艺术民间联谊会评为"民间艺术家"

式。我也不供关公，大伙儿出会注点意就行。

过去，外边的人绝对不能学杨庄子永音法鼓，连白眼都不行。师傅教的时候，都是杨庄子的人，都是公开的。技艺在本会里没有不外传的绝活，所谓绝活就是技巧，教的时候是手把手地教，文字没有，口诀也没有。

我从9岁开始学法鼓，开始先学镲铬，后来打钹，打铙，打鼓，打铛子。可以说会里的东西我全通。我20多岁的时候，打钹打铙都行了，但是我打鼓不行。打钹打铙的人，头钹头铙都得知道鼓点，我不但知道鼓点，没事儿在家里拿棍儿就敲打。虽然打鼓打得不好，但是什么拍节怎么回事，都知道。我小时候出会，上场是踩挂甲寺街，踩东楼街。那时候也就十二三吧。天冷手冻得都拿不住钹了。

现在会里的打鼓佬是我老弟弟，他还没上学，六岁左右的时候，没事儿他在家就敲秧歌点。我看到老弟弟这么爱学鼓，就让他从一开始学的就是鼓。

学法鼓的基本功是记点，你脑子里得有那个点，就得熏，都是熏出来的。

我没有正式地教过徒弟，会里没有严格的传承规定。现在会里的教练，我铙上搁的是杨益臣，钹上搁的是张世升，还有一个张子明，这属于钹上的协助教练。铛子上基本没嘛教练。鼓手就是我老弟弟杨奎有这一个打鼓的，还有吴强，也会打鼓。我的手腕子达不到那个阶段，鼓打不好，但是我知道鼓哪儿打得不好。只要鼓点不乱，下面乱点儿没事。打鼓必须弄正了，板住了。鼓乱了，其他就摸不着东南西北了。所以必须把拍节掌握好，鼓点乱一下，镲铬和铛子就跟不上板头了。

打镲，一般没有动作。打平常点的时候，就这样墩一下。打钹的就有架势了，他得抖起来，外面人看着有精神。打鼓的也没有动作。法鼓讲究一个板韵，好像写对联赛的，得押韵。

八几年刚恢复的时候，会里面可以说是什么都没有。我那时候从选材到雕刻到刷漆，整天满天津市转悠。下了班，就一头扎进会里面，家里面什么事情都不管。我老伴很支持我，在家给我做饭，忙里忙外，我是什么都不管，可以说法鼓就是我的第二个事业。鼓箱子上钩的金，狮子狗点的眼都是我干的。偶然有一天，电视上演《红楼梦》，贾宝玉的一个点心盒很漂亮，我一眼就看中了。我找到了木匠，告诉他要打个八角盒，说了尺寸和打算要个什么样子的。没几天，人家就把打好的八角的点心盒给我送了过来，我就想把这个点心盒和剩下的一条扁担一起上大漆。就是这次，到末了的时候我还给逮（dēi）了一下。大漆的气体有毒，我们俗话就是说它会咬人。大漆是一种树，古代人们取大漆怎么办？人骑在快马上，用带绳子的箭射到树上，再一下子拽出来，人得赶紧快跑。漆油子顺着这个眼就流出来了，在树底下早预备好一个桶，大漆流到桶里面，释放一下有毒的气体，这个过程跟采橡胶有点类似。刚采出来的大漆是白色的，放在碗里面捣，越捣越黑，最末了完全变黑了才能用，跟染头发的药膏一样。被大漆咬到了以后满脸都起疙瘩，又疼又痒。大漆不能晒干，风吹也干不了，得拿潮气阴干。得用编小席篓子的那种料，拿到海河里面阴湿了以后用。这种料有个特点，草表面上是干了，其实里面还是湿的。我在会所里找了一些木头搭了个架子，用这样的草盖在上面，弄成个小房子，漆了东西在这里面阴干。也是怪我有点疏忽，应该先把门和窗子打开通风，人再进去就没事儿了。一进门，光顾着看漆是不是干了，没理会别的事。这一咬到不要紧，整个的半拉胳膊，从手心到手背，腕子上全是白色的小白燎泡，刺挠的难受，到晚上下夜班的时候，实在是受不了了，根本睡不着觉，钻心地痒，还疼。半夜折腾到医院看病，整整一个礼拜才好。

有一次刚漆了一副炊子，我正在给勾金的时候，身后面来了一个人，很客气地说，"老五，这挑给我挑吧"。我行五，平时他们喊我老五。我不用回头也知道这人是谁，这人岁数比我还大，但说话很客气。我问他"你是挑这一挑还是头里那一挑"，他说随便哪挑都行。第一挑是龙挑，分量比较重。我分配人也有自己的标准，不是随便一个人就能挑第一挑的。

我们现在设摆的地方在云广新里，离这里比较远。不像原来离得近，晚上吃完饭，溜溜达达就过去了，没事儿的时候就敲两套。我觉得法鼓会应该挺好发展，但是我现在没有大环境了。原来云广新里，包括南北大街，都是我们杨庄子的地方，只要一哨鼓，人马上都聚过来，现在没有这个条件了。

有的法鼓会保守，技艺不往外传，我这个会最早也是不往外传。后来我发现保守没有用，不往外传是太固执。如果往外传，不见得这个东西就泄密了。这个玩意儿，到现在了，越宣传，越能够普遍地认识到。所以我现在也不保密了。有好多地方想成立法鼓会，都上我这儿求经验。

我们会2008年被列入第二批国家级非物质文化遗产名录，我也被评为市级代表性传承人。可是，现在会里一出会就犯怵，挑挑儿的没人，武场人也出得有限，老人多，年轻人少。我们会现在的保护单位是挂甲寺街道，庆音法鼓也归他们管，这是从去韩国那次表演的时候才知道的。

我现在撞头撞了这么多年了，没别的意思，就想能不能把我现在的条件给改善一点？按照我的想法，只要下一步我能够发展传承就可以了。现在会里很多都是七十多岁的人了，我常常说，就算你七十多岁比同龄的人能好一点，出来忙活忙活，但是总是自然规律，到了该淘汰的时候，怎么也不如二十多岁的人身体硬壳。要是一个会二十多岁、三十多岁的人都有，那是嘛气势！这是我们目前面临的一个很大的问题。

二、打鼓佬杨奎有

打鼓佬杨奎有

我叫杨奎有，1948年农历五月初九出生，属鼠，汉族，没有宗教信仰。我出生在杨家庄李家胡同二条。我父亲去世后，1987年搬到河西区畜牧局附近的美好里，1994年搬到体院北的宾水西里60号，2003年搬到了河西区刘庄龙海公寓，一直居住到现在。

打我爷爷开始，我们家就一直居住在杨庄子。从1956年到1962年，我在杨庄子小学念书，毕业后到天津市四十二中念初中。我1965年初中毕业后分配到天津市房产公司河西区房产分公司，先后在河西区东楼房地产管理站、河西区公用公房管理站工作，2003年当了河西区房管局党委副书记，一直干到2008年退休。

我1973年结婚，家里面一儿一女，他们都没有学习法鼓。

我有哥们五个，姐两个，我排行老小。除了二哥没学之外，剩下的我们四个人都学了法鼓。因为那个时候，全村的人对法鼓会都十分地认可向往，人家要你玩会就是看得起你。我们家当时住的地方离会所很近，只要会里一哨鼓，我们饭也不吃就跑去了。

我从小就学法鼓，镲铬和铛子也敲过，没有摸过钹、铙，正式开始敲的时候有七八岁。当时我们家有两个板凳，棺材盖做的，我因为个子矮，够不到鼓，就只能站在这个上面敲。我八九岁的时候跟着出会，那时候矮，够不着鼓，得要人抱上去，踩着板凳才能敲。那时候出会是为了民间活动、集会活动，还有会与会的互访。

在1957到1959年之间，那时候还没搞"四清运动"，是中国民间艺术最高潮的时候，我从那个时候开始学，基本上技艺是都学到了。"文革"开始后，所有的法鼓都停了。"文革"结束后，八几年重新恢复法鼓，我又开始重新敲。可以说基本是没有间断过。法鼓相对来说封闭性比较强，和别的会的交流沟通几乎很少。要论我比别人强在哪不敢说，只能说打小学得早，也没间断过，功底还算比较深的。

我学的时候正好是法鼓会比较红火的时候，一九五六年到一九五八年，当时的会头是杨惠友，鼓手是李玉义。还有一个人对我学鼓影响相当大，叫陶乃公。原来我们家斜对面住的就是李玉义，虽然他的眼神不太好，但他是法鼓会里历届鼓手里水平最高的，他擅长的是双鼓。我在家就能听见他敲鼓，他敲嘛，我在家跟着敲嘛，不过人家敲的是鼓，我敲的是板凳。光那一个起点，我都不记得自己学了有多少遍。

1987年在天津杨柳青举行了一个天津法鼓大聚会。那是我头一次出去，我这次去可是大开了眼界，才明白原来除了挂甲寺法鼓，锦衣卫桥、刘园和贾沽道都有法鼓，打那次才知道天津原来有这么多道法鼓会。给我印象最深的是西头法鼓，我想我们法鼓会应该是属于西头的法鼓。有一个说法，东头的法鼓基本聚集在沿着海河的地方，一般都供奉着辇和娘娘。

据我所知，每道会的风格都是不同的，法鼓不相互沟通，而这种艺术形式的传播得靠个人，所以每个人的不同风格对法鼓的影响很大。就说敲鼓的这几位吧，从老前辈李玉义到陶乃公，现在是我，我们的风格就非常不同。

每个会的乐器都大同小异，只是有的数量多一点，有的数量少一点，但基本都是双数，一对一对的。镲铙的尺寸有大小之分，主要是因为音不同，要配着用，用俩憨厚的，用俩脆的，用俩中间的，全是一个音不好听。

铛子也要尽量选不一样的音。任何钹、铙都没有相同的音质，选的时候要听音，不能太贼的，也不能太闷的。

现在我们会的曲谱虽然都有记录，但是没有音节和节奏，我觉得下一步必须完善这方面的记录，定一个标准。

上擂的时候没有曲谱，都在脑子里头，差一点也不行。要是教徒弟，他只能跟我学点，我敲嘛他敲嘛，没别的办法学，只能硬背。所有的点记起来都很枯燥，一般是按照扯旗儿、六九钹、叠金钱分着记的。我们也一直在考虑要不要用文字来记载下来，可是这的确很难，点能记下来，但是其中的速度怎么表达这就难了。我们会上擂的鼓点和动作同其他的会都不一样，我们属于比较匀速的点儿。

上擂现在每次出会基本都是要用的，有它比较完整。现在打得最多的是单套加上擂和双套加上擂，因为时间长短比较合适，可以吸引人观听。太长的那几套不常敲了，一个是时间不允许，没有那么多时间给你敲；另一个是，人们都喜欢看热闹，不会听你敲那么久了。

现在我们出去外面敲，大家都爱听首品，为什么呢，因为首品的节奏快、音律强，热闹。但按照我来说，最精华的地方应该是六套，鼓敲得慢，仔细听会发现，里面蕴含着悲怆之声、庄严之声。很多人把法（fà）鼓，念成法（fǎ）鼓，是不对的，因为他没有理解其中的含义。法鼓是法门之音的意思，是庄严的、肃穆的，上擂是欢悦的、火爆的。

我对音乐比较感兴趣，钢琴、口琴、二胡等乐器都会一些。音乐是相通的，我始终认为法鼓是音乐。没有乐感，敲法鼓只能说是敲响了，内涵表达不出来。鼓有韵，得把韵敲出来。光听鼓不出彩，得要其他的乐器配起来。业余时间除了敲法鼓，我最大的爱好是写书法和练钢琴。我从小好音乐方面的东西，觉得这和后来敲鼓有一定关系。我始终认为法鼓是一种音乐艺术，要有一定的天赋。

关于创新，在套子上基本没有变动，就是在由常行点到上擂前，我自己加了一个"叫点"。打着常行点突然上擂不行，得有个坡，有过渡，越来越激烈才行。原来杨惠友在的时候，他不愿意，他认为法鼓要一字不拉地传承才行。

总是一个点敲难免会有点枯燥，我就在其中加上一些反点，反点必须保证节奏和拍节不变，音律稍变。拍节、节奏要是变了，那整个场的乐器都会乱，但是要是本来敲四个点的地方敲五个点，懂法鼓的内行人能听出来，不懂行的人根本听不出来。

20世纪80年代，周围的高跷、法鼓和其他花会都恢复起来了。据我所知，跟我们法鼓会音律套路差不多的河北区的锦衣卫桥和音法鼓会也兴起了。刚恢复的时候，第六代的老人们在的比较多，关键有杨惠友、李玉义和唐恩成。这些人既有组织能力，又懂技术。那时候训练有会所，在杨庄子里面，有三间房子，很破，漏水，我还去修过。当时训练比现在频繁，甭管天凉天热，大家基本每天都去。

为什么现在这么多道法鼓会消亡了，而杨庄子法鼓会不倒，很大的程度是因为有老杨庄子的人，在齐心协力地扶植这道会，天行健自强不息。现在政府一拆迁，大家都要搬走，人一走，心就散了，再聚就难了。为什么杨庄子法鼓会的人不散，主要是有两条原因：一个原因是法鼓中一半的人是在天津市搞还迁的时候没走，回迁在了今天的云广新里；还有一个原因是当时杨庄子农业社盖的房子分给村民，其中很大的一部分人是我们法鼓会的会员。云广新里在1996年之前搞的是实物还迁，拆房子还房子，你还回来。1996年之后的政策是货币还迁，发钱走人，人再去哪里住没有人管了。我认为法鼓的消亡很大程度上是居民拆迁，钱多了可以置办东西，但是人散了，就再也聚不起来了。我们会长在这方面比较有眼光，拆迁的时候，他挨着杨庄子跑，把大家的电话号码和联络方式都记录了下来，不管你去了什么地方，一个电话还是能找到你在哪里。

我经常在想，我的鼓将来能够交给谁。因为法鼓并不是一个简单学几天就能出成效的东西，这得需要长时间地熏。从十几岁的时候学是比较合适的，年龄大了再学，基本功就不可能这么扎实。我认为现在说传承还早，会只能在维持的层面上。我现在有一个思考，叫"城市里的民间花会向何处去"？

我在敲鼓的时候常常觉得自己很孤独，没有人给我配合起来，离我想象中的音乐还差一点。现在最常表演的是单套、双套和上擂，上擂是大家最乐意看的。坐敲已经基本上不表演了，主要是因为没有演出的场合。

我一直说，法鼓会是杨庄子的乡音，虽然现在杨庄子没了，到处都拆迁了，但是人散会没散。其原因是，不但有会敲法鼓的人，还有会昕法鼓的人。要是爱听法鼓的人不在了，那法鼓肯定要消亡。

三、头铙杨益臣

头铙杨益臣

我叫杨益臣，1940年出生，汉族，出生在天津杨庄子。我小时候的邻居玩伴，现在大部分都是法鼓会的老人。我弟弟、我哥哥都是法鼓会的人。

1994年，平改拆迁。我自己找房子住，1997年回来。杨庄子是个大庄子，有经商的，有做买卖的，有种田的。现在的挂甲禅寺是过去的挂甲寺庙，有庙会的时候，法鼓去表演。我们去的就是土城庙庙会，因为那个庙比较大。我参加过一次，那次庙会来了很多会，在各个庄子都转悠完了，最后到土城庙表演。

我们家都信佛，祖祖辈辈生活在杨庄子。我还上过几个月私塾呢，后来在杨庄子小学上，毕业后在四十二中上。然后就工作了，一生在好几个单位工作过。我在塑料厂退休，后来塑料厂又合并到保温瓶厂。所以，我隶属关系是保温瓶厂。

我1970年结婚，一个男孩儿一个女孩儿，他们喜欢法鼓就是没有功夫学。

我父亲是法鼓的董事。我哥三个，我排行第二，都学法鼓。我哥哥敲铙，我原来也敲铙，我弟弟还是敲铙。闲暇的时间，会里头组织出来练练。只要一哨鼓，把鼓摆好了，一会儿人都来了。有时候我没听见哨鼓，我父亲就说，去，到鼓那儿去。我父亲我爷爷都不表演，但很支持

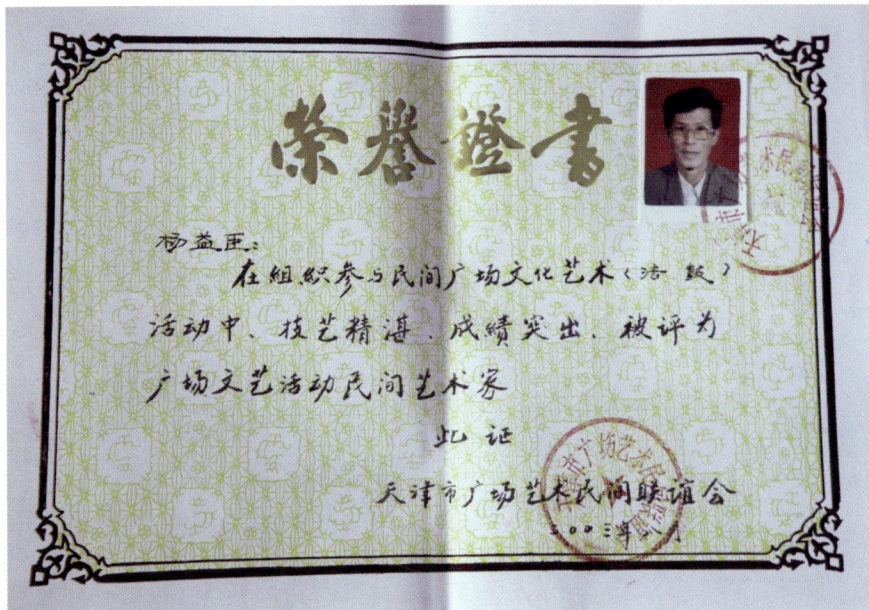

杨益臣2003年被天津市广场艺术民间联谊会评为"民间艺术家"

我们，不学还不行。我父亲就两样不管，学法鼓不管，游泳不管。当时告诉我，学会游泳淹不死。沽海道就是原来的杨庄子河，正好是海河的一个支汊过来的。我八岁的时候学镲铬，十三四岁开始学钹，练了好些年打镲铬。打镲铬的都是小孩儿，打钹的都是十几岁、二十来岁的人，打铙的就岁数大点了，打铛的就更老了，没有年轻的打铛的。敲鼓的就是那几位。

现在打钹的有张子明，还有一个张世升，都是小时候在一块儿玩过。我弟弟杨义宝打钹，我哥哥早都不玩了。现在有个年纪大的人，叫李基舟，现在出会总去，他就是在头里带香袋那个，原来打钹，也打铙，还打铛铛。

我学法鼓是从镲铬开始，从六几年开始练钹。但是"文革"开始后就不练法鼓了。八几年会里恢复的时候，我都四十多岁了，老会长就说你把铙练起来吧。学法鼓的人，先学钹，把钹练好了，再打铙，有这个练的顺序，是因为铙看着没嘛，可是铙很重要。因为铙本身属阳，钹是阴。铙打不好，鼓就乱了。除了鼓比较复杂以外，就属铙了。你看钹，年轻的时候有力气，会听鼓点，就知道在哪儿停，在哪儿耍，耍的时候比较优美一点儿。只要你体力好，有点基本功，就是有点武术的架子就行。铙就不好耍，铙的点特别多。

我基本上铙没怎么学，就可以打。因为平常打钹的时候，就看着铙怎么打，阴阳呼应。所以一叫我到铙上去，我就拿起来了，老会长也挺高兴。杨义宝是我弟弟，我们哥俩差两岁，人家看像一对双生。他身体特别好，打钹打得相当好。我们俩的钹，可以说到哪儿都是头钹、二钹。他现在心脏有点儿不好，不敢打了。

我一练铙，就是头铙。打钹，我也是头钹。怎么做头钹、头铙？这要看各方面的基本功了。他打的花好看，你不让他打头钹，不就埋没了。说句心里话，是法鼓会的东西，我都能摸得起来。你看我离开钹，我就不打钹。鼓，咱说句心里话，杨奎有的鼓，打得好，他有什么变动，我都能听出来。因为打了一辈子，60年了，有耳音。基本上就是你叫我打鼓，我也能打。但是我不摸那鼓，这是规矩，这是对人家的尊重。

会里的老会员基本都是全通的。而且对鼓，过去讲必须倒背如流，心里得有鼓。对于耍钹非常重要在哪儿呢，鼓点在哪儿停，你这儿需要一个休止，你必须得休止。因为它有节奏，没有节奏感，不好听。再有一个打鼓，有的人不懂这个，上去就敲，这个不应该。你要愿意敲，回家自己练去，你在这儿敲就是对人家的一种不尊重。人家鼓手在那儿呢，你敲嘛呢。你就是敲，你敲多好，也敲不过他。

我的表演器具是买的。买的时候哪个音好买哪个。买的时候在那儿敲敲，有的贼一点，所谓贼就是高一点，还响还不太刺耳的就行。我这个铙是在唐山买的，其他的大都是在娘娘宫附近买的。我看现在价格都差不多，我这铙时间不长，2005年左右吧，当时200多块钱。我这副铙，轻易不让别人动。因为嘛呢，钹和铙，就怕闷。一碰一闷，容易坏。我的铙保存好了，声音不难听，这个铙脐儿我拿着正好。我的铙是固定的，上面没有名字，大家都知道是我的铙，人家也不用。一个是这副铙握的这个地方（铙脐子）小一点，一般的铙大。再有一个，皮条稍微细点儿。另外，这铙比较新，也就两斤半左右，不到三斤。

平常练习的时候对着敲。现在很少练平点。可是我主张，钹、铙必须会敲平点，才会上播。上播平点更难学。你把平点练出来，证明你会敲了。你练不出来，证明你不会。为嘛有顿挫呢，就是告诉你，这个点儿不能响。所以，肚里得有鼓。你看，敲铛子也不简单，所有鼓点他都得拿铛子敲下来，而且有的地方，它还给鼓填充。这鼓没有音的时候，还得拿铛子给鼓补上。所以，看着简单，练好了真不简单。还有一个，甭管练了多少年，你说打一辈子没出过错，不可能。

我有两大爱好，第一大爱好，不离不弃的是法鼓；第二大爱好，是京剧。你看这段词是我抄袭的："众望所归根基牢，宏图大展云路遥。且看明朝永音会，万紫千红分外娇。"这个是《红色娘子军》里洪常青的唱词，我把"椰林寨"这三个字改成"永音会"。"文化大革命"的时候，四个现代戏，哪儿都请我们去。说个私心话，我和我爱人搞对象，还是我唱戏，我爱人在台底下看我，我们俩头一次见面。我那时候唱戏也是业余的，我们那团，业余京剧团，哪儿都去，也在挂甲寺范围内，叫锦绣京剧团。角色的服装是租赁，有专门租整套戏服的地方。

咱称不上师傅，就是指导一下。师傅教我们的时候没有口诀和秘笈。就怕不正确的成一种习惯，很难改。现在要求还不能太严了。

现在会里传承太不行了。现在好是好，但是上边下边不通气。上面说你的，下面做我的。要是都按着国家政策办，按着法办，也好。我们要传承，得有地点有资金才能传承。一分钱没有，办公地点没有，怎么传承？

"非遗"这个事儿挺好。国务院温总理提出这个事儿，我当时特别高兴，国家可承认我们了。一个是我们这个法鼓在天津市小有名气，只要一组织会，总有杨庄子法鼓。我想也算个小条件。再有一个，杨庄子法鼓和其他法鼓不一样，有他的独特性。你们的调查，我很感激。能把我们的东西呈哪儿都行，广泛宣传也行。借媒体吧，都呼吁呼吁。

永音法鼓前辈留下最宝贵的财富就是这种精神，杨庄子法鼓会没靠过别人，就靠自己。真的，多难的时候都没靠过别人。这是个文化传承，我们会有几百年的历史，应该传承下来，不传承下来，太可惜。

附录一
杨家庄永音法鼓老会传承谱系

第一代	杨　方	清乾隆年间
第二代	唐老井 杨金才	生卒年不详 生卒年不详
第三代	杨春方	生卒年不详
第四代	陶兰波	生卒年不详
第五代	李玉奎	生卒年不详
第六代	唐恩成 杨惠友	生卒年不详 生于1924年
第七代	杨奎举	生于1935年

附录二
杨家庄永音法鼓老会器具遗存登记表

名　称	数　量	尺寸（厘米）	历史年代	用　途	备　注
鼓架子	1个	宽：60 高：65	100多年	盛鼓用	
木箱子	2个	宽：60 高：50	100多年	盛衣服用	来自同云法鼓老会
鼓	1个	直径：55 高：60	100多年	敲鼓用	
钹	一副	直径：30	100多年	敲钹用	
铙	一副	直径：30	100多年	敲铙用	

附录三
杨家庄永音法鼓老会会员状况表

姓　名	表演乐器	职务	年龄	学艺年龄	宗教信仰
杨奎举	鼓、钹、铙、铛子、镲	会长	77	9	无
杨奎彰	鼓		74	9	
杨奎有	鼓		65	7	无
杨益臣	铙	头铙	72	9	佛教
张金铎	铛	副会长	72	9	无
杨义宝	钹		70	9	无
张子明	钹		65	9	无
张金海	铛		69	新学	无
张　俊	铛		75	9	无
杨星伟	铙		62	9	无

（续）

姓　名	表演乐器	职　务	年龄	学艺年龄	宗教信仰
李基州	钹、铙、铛、镲		76	10	无
吴　强	鼓、钹、铙、铛、镲	头钹	42	9	佛教
陶学宝	钹		42	10	无
杨树祥	钹		44	10	无
张世升	钹		67	9	无
于振义	钹、铛		75	9	无
高凤忠	钹、镲		48		无
唐树勇	钹		48		无
孙树宝	铙、挑茶炊子		59		无
李金元	铛、挑茶炊子		71		无
陶金禄	挑茶炊子		70		无

（续）

姓　名	表演乐器	职　务	年龄	学艺年龄	宗教信仰
翟宝贵	挑茶炊子		51		无
杨永民	挑茶炊子		60		无
刘玉俊	挑茶炊子		73		无
吴凤起	挑茶炊子		78		无
徐学祥	挑茶炊子		62		无
李开明	铛		72		无
李绍发	铙		60	25	无
孙树年	钹		57	新学	无
林振强	铙		62		无
唐　冬	镲		32	10	无
宋小辉	钹		34	10	无
孙　朋	钹		36	10	无

（续）

姓　名	表演乐器	职　务	年龄	学艺年龄	宗教信仰
张凯	钹		34	10	无
张振宇	钹		34	10	无
王南	钹		34	10	无
郑林	钹		34	10	无
刘勇	钹		34	10	无
于振明	镲		55	新学	无
马增	钹		36	10	无
杨东	钹		36	10	无
赵明印	钹		36	10	无
于凤桐	镲		73	新学	无
张永旺	钹		39		无
张文博	镲		10	新学	无

附录四
杨家庄永音法鼓老会相关方言称谓

1.混混儿：这个词是从会见会来的，以前会与会相见了，容易产生冲突，叫会会儿，后来演变成混混儿，指旧社会称霸一方的地痞流氓。

2.惹惹儿：也称喏喏，指不办正事，起哄瞎闹之人。

3.耍："会里都是一帮耍"，指打打闹闹、不正经干事的人。

4.爷：老天津人对对方的尊称，会与会之间拜会的时候，会头互相作揖敬拜，互称"爷"。

5.红眼儿、白眼儿：天津人称自己的孙子为红眼儿，称自己的外孙为白眼儿。

6.脚行：旧时搬运行业，专门从事为别人搬运工作的机构，由一个脚行头和一些脚夫组成，由脚行头负责管理并从中剥削渔利。

7.盐坨地：民国初期及以前，晒盐户各自在盐坎边较高处修建简易的露天盐仓，俗称盐坨地。

8.撂一场：指法鼓表演一番，敲一通。

9.赶洋：这个词是从"赶毛"演变而来的。早些年，天津人里做西洋人生意的商人被叫做"赶毛儿的"。但在这里指的是开小门脸做生意的人。

10.瞎就和：瞎凑合，不认认真真干事情。

11.干嘛吆喝嘛：干一样是一样，认认真真地干。

12.比呲了：比怕了。

13.公所：公所是村子里的公共场所，是村子里在理儿的老人呆的地方，也称老公所。在理儿的人，指的是信奉理教的人，理教创立于清康熙年间，以戒烟酒、行善事为号召。

14.打鼓佬：打鼓者，佬是一种尊称。

15.头锣：也叫堂锣、引锣，负责管前行儿的人，一般由老会头和老前辈们担当。

16.二锣：也叫腰锣，主要负责掌管后场。

17.家伙什：会里所有的设摆器具和表演器具，俗称家伙什。

18.顶：大的意思。

19.玩儿会：就是成立、操持一伙儿会。

20.贼："声音不能贼"，指声音不能特别脆，不能特别高。

21.点：会里学法鼓，要先学会记点，点指的是会里所有的曲谱，只有六套曲牌有曲谱，其他点都没有曲谱。

22.老板儿：严肃、正经。

23.栽面：丢面子。

后记

　　"先有天后宫，后有天津卫。"天津皇会是为祭祀海神——天后娘娘诞辰而举行的大型庆典，是天津最为隆重的民俗活动。妈祖祭典（天津皇会）2008年由天津市民俗博物馆申报入选第一批国家级非物质文化遗产民俗类扩展项目名录，天津皇会中的表演会种津门法鼓（包括挂甲寺庆音法鼓、杨家庄永音法鼓、刘园祥音法鼓）也被列入第二批国家级非物质文化遗产，可见其表演技艺的历史性和独特性。花会表演堪称皇会之"魂"。

　　法鼓作为天津特有的一种艺术表演形式，相传最早产生于明末清初年间，盛行于清乾隆年间，原为庙中"娘娘出巡"时的一种随驾仪仗，后来以花会形式在民间喜庆日子或在重大活动中参加庆贺演出，是一种集民间音乐、舞蹈、武术、美术、雕塑与民风、民俗为一体的综合性民间广场艺术。

　　杨家庄永音法鼓老会2008年被评为第二批国家级非物质文化遗产，其历史性、表演技艺性、独特性得到了官方认可。这一法鼓老会的历史渊源、表演技艺特色究竟有何独特之处，我们带着这些好奇走进了这个老会，一探究竟。

　　2011年1月14日，天津正经受着入冬以来的第一股寒流，正是一个滴水成冰的季节。我们来到了杨家庄永音法鼓老会的会所，天津市河西区滦水道滦水里小区的一间平房中。会员们已经将设摆的器具摆放在会所外面，引得居民楼众人观看。会长杨奎举打个招呼，说会里有事儿，会员们就到了，极为热情。可见会里的每位会员都极其爱会。

　　2011年1月14日至3月17日，我们对杨家庄永音法鼓老会进行了采访。对杨家庄永音法鼓老会会头杨奎举和其他表演角色如打鼓佬杨奎有，打铙者杨益臣，打钹者张子明、吴强，敲铛者张金铎这些非物质文化遗产传承人一一访问。这次采访，让我们感触颇深。既感叹于该会的历史、音乐与表演技艺，精湛而博大，更感叹于这一有着悠久历史的老会的传承与保护困难重重。许多急迫的问题，都不断促使我们对天津皇会各会种抢救、保护与传承的思考更进一步。

杨家庄永音法鼓表现的是太子出游的场面。整个仪仗执事都是太子出游时随身带的东西。该会的表演形式分文场和武场两大类。"文场"即仪仗队，出会时按顺序排列，鱼贯而行。"武场"俗称"家什场"，主要是各种打击乐器按一定的词牌、曲谱演奏。打击乐器演奏的曲牌名称是：《富贵图》《阴阳鱼》《对联》《四时如意》《八卦图》《绣球》。其中演奏的曲牌根据情况可多可少，一般都有固定的打法套路，如一品、二品、首品、满堂、单套、双套、前三套、后三套、咬五套等。主要演奏乐器是鼓、钹、铙、铛、镲。在演奏中，钹、铙还有舞蹈动作，如钹的舞姿有：扯旗儿、卷帘儿、跨鼓、叠金钱等。铙的舞姿有：捞月叠花、左右开弓、缠头裹脑等。无论文场还是武场都具有鲜明的地域文化特色，是地域认同的一种表征。会员更称自己的法鼓是"乡音"，表现和传承的是一种乡情。会长杨奎举经常说："法鼓就是杨家庄的乡音，法鼓亡了，乡音没了，根就没了。"

永音法鼓作为一种都市民间花会，在非物质文化遗产传承中具有集体传承、地域传承、技艺传承、精神传承的特点，至今仍在活态传承，而且没有被商业化和产业化。在转型过程中，永音法鼓会的行会方式、表演方式、民俗含义、民间参与方式、文化认同、文化空间也都在发生着历史的变异。在城市发展过程中，拆迁问题引起的原住民流散，使得该会的传承成为问题。因为该会的入会会员大都是本村本社区人，而这种建立在相同地域基础上的特定群体的文化认同感，和代代传承的对于该会身份归属的记忆和自豪感，是该会之本。随着城市的变迁，原住民流散，该会现今多是传承至第七代第八代的老人，年龄多为六七十岁，年轻人少之又少，这将成为继续传承的一大障碍。以前的杨家庄永音法鼓坐着敲，如果敲一品、二品需要将近一个小时。可是现在出会给的表演时间一般只有8分钟，只能敲一个单套加个上擂。许多曲牌经常不练习就会生疏，该会会员希望能够在出会时给更多的表演时间。这样才能够在平常的练习过程中多练一些曲牌。作为一种民间音乐和民间舞蹈表演技艺，只有经常练习，才能够传承下去。该会的表演和以前相比，在规模、人数、文场和武场方面已经大大地被简化。目前，这种被简化的表演，在各道会中普遍存在，也是非物质文化遗产传承中的一个危机。因此，对杨家庄永音法鼓的田野考察具有文化遗产抢救的现实意义，我们的最终目的是将其现有的音乐、舞蹈、唱词、表演技艺等非物质文化遗产都普查记录在案，以数据化的形式建立档案，不再让其消失于无形。

永音法鼓作为一种城市中的民间花会，传承至今，经历了繁荣，也经历过浩劫，经历过复兴，现在却再次面临转型危机。如何在转型危机中使其传承有望，涅槃中更生，是我们所希望的，也愿本书能起到微薄之力。

本书写作过程中，永音法鼓老会的会头杨奎举师傅给予了我们最大的支持、帮助和鼓励。其他会员如杨奎有、张子明、张金铎、杨益臣、张俊、张清海、吴强等也尽自己最大努力配合我们完成田野调查。在此表示最诚挚的感谢。

本书还受到天津大学自主创新基金（批准号1102）的资助，在此一并表示感谢。

2013年8月10日

于天津大学冯骥才文学艺术研究院

图书在版编目（CIP）数据

杨家庄永音法鼓老会 / 史静，蒲娇著. —济南：山东教育出版社，2013

（天津皇会文化遗产档案 / 冯骥才主编）

ISBN 978-7-5328-8157-4

I.①杨… II.①史… ②蒲… III.①风俗习惯-史料-天津市 IV.①K892.421

中国版本图书馆CIP数据核字（2013）第223948号

天津皇会文化遗产档案丛书

杨家庄永音法鼓老会

冯骥才 主编

主　管：山东出版传媒股份有限公司

出版者：山东教育出版社

　　　　（济南市纬一路321号　邮编：250001）

电　话：(0531)82092664　传真：(0531)82092625

网　址：http://www.sjs.com.cn

发行者：山东教育出版社

印　刷：山东临沂新华印刷物流集团有限责任公司

版　次：2013年10月第1版第1次印刷

规　格：787mm×1092mm　16开本

印　张：11印张

字　数：136千字

书　号：ISBN 978-7-5328-8157-4

定　价：65.00元

（如印装质量有问题，请与印刷厂联系调换）

印厂电话：0539-2925659